AF435547

Contes albanais

Recueillis et traduits

Par Auguste DOZON

(1881)

KarYair Voyage

Texte Intégral

ISBN 979-10-95581-09-3

Avant propos

Pour des raisons évidentes, nous avons choisi de faire suivre chaque conte des notes de rapprochement qui lui sont attachées. Dans l'édition de 1930, elles étaient regroupées dans un cahier en fin d'ouvrage.

Toutes les notes de bas de page sont de l'auteur, à quelques exceptions, précisées (*N.d.E*).

CONTES
Albanais

Préface

Les contes, dont voici la traduction, sont ceux que j'ai recueillis en Épire et publiés dans le *Manuel de la langue chkipe*[1] ; l'Avertissement dont cet ouvrage est précédé, et l'index mythographique qui en clôt la première partie, contiennent, en ce qui les regarde, à peu près tous les éclaircissements nécessaires, et il y aura dès lors peu de chose à y ajouter ici. Il n'est pas toujours aisé, cela soit dit en manière d'excuse, de mettre en français, sans les habiller à la française, des productions d'un caractère aussi simple et dont la rédaction est le plus souvent d'une extrême nudité. Pourtant je ne me suis que rarement départi d'une exactitude à peu près littérale, d'autant que la version devait aider à l'intelligence de l'original. Dans deux ou trois endroits, où le conteur s'est embrouillé et a commis, en me dictant, quelque inadvertance qui m'avait d'abord échappé, il a fallu, par un léger changement, réparer le désordre du texte ; le lecteur en sera averti dans une note[2].

---

[1] Chez E. Leroux, Paris, 1878. Cet ouvrage, on me permettra de le rappeler, a obtenu de l'Institut le prix Volney en 1879.

[2] Voici l'indication des contes albanais, imprimés jusqu'à ce jour, et des auteurs qui les ont publiés : J. G. Hahn, Études albanaises (1854), cinq contes,

Je me suis abstenu presque de tout rapprochement, si ce n'est avec les contes grecs, traduits par Hahn et dont les originaux ont été, après sa mort, partiellement imprimés par M. Jean Pio[3] ; c'est la traduction que je citerai toujours. Le mélange des Chkipetars et des Grecs dans le royaume hellénique, et leurs relations de voisinage et de toute sorte en Épire, sont tels, qu'ici comme là, les productions de l'imagination populaire ne pouvaient manquer d'offrir des points de contact qu'il convenait de mettre en lumière. Et en somme, pourtant, ils ne sont pas beaucoup plus nombreux que ceux qu'on remarque entre des contes de provenances géographiques éloignées. Hahn lui-même constate une ressemblance frappante, jusque dans la forme du récit, entre ceux de la Grèce actuelle et de l'Allemagne, et il aurait pu ajouter, des Slaves. Bien plus, ce ne sont pas uniquement des traits épars qui, à la fois dans le recueil par lui traduit et dans le présent volume, doivent être rapportés à cette dernière origine ; toute une classe de contes ne sont manifestement que la maigre analyse, le squelette, non pas de contes, mais de chants bulgares. Ce sont ceux que, rendant par le nom d'Elfe ou Sylphe, l'appellation grecque moderne de Néréides, ou plus exactement « *Néraïdes (Νεράϊδες)* », il a intitulés « *Elfenmärchen* ». Une comparaison sommaire avec la collection que j'ai publiée[4], ou avec celle des frères Miladin[5], ne laisserait aucun doute là-dessus dans l'esprit du lecteur.

---

original et traduction, reproduits avec addition de treize autres, dans sa traduction allemande des Contes grecs et albanais (1864) ; J. Pitré, six contes des Albanais de Sicile, original et traduction italienne, au 4e volume des *Fiabe, novelle el racconti siciliani* (1875) ; *Abeille chkipe*, éditée par E. Mitsos (Alexandrie d'Égypte, 1878), douze contes en original.

[3] Νεοελλήνιχα παραμύθια, contes populaires grecs, publiés d'après les papiers de J. G. Hahn, par Jean Pio, Copenhague, 1879. On n'a peut-être pas choisi les meilleurs morceaux. Il y en a en plus quelques-uns qui ne se trouvent pas dans la traduction allemande.

[4] Chansons populaires bulgares, Maisonneuve, Paris, 1878.

[5] Agram, 1861.

Je viens de parler de chants passés à l'état de simples contes. Ce ne serait pas un des chapitres les moins curieux de l'histoire littéraire, que celui où l'on suivrait, en en recherchant les causes, cette chute de la poésie à la prose, cet arrangement d'anciens éléments sous une nouvelle forme, annonçant un changement dans les esprits, qui, fatigués désormais de la langue des dieux, mais atteints d'un scepticisme naissant, veulent être amusés d'une autre manière. Les chansons de geste en sont chez nous un mémorable exemple ; après avoir subi une première dégradation en passant à l'état de romans, elles se survivent, pour ainsi dire, à elles-mêmes dans la rédaction minuscule et informe de la Bibliothèque bleue. C'est ainsi que des réductions du *Ramayana* en langues vulgaires ont mis à la portée des peuples de l'Inde et de la Malaisie la gigantesque épopée des Brahmanes. De même encore, et pour revenir à l'Albanie, dans ce pays on raconte en prose, mais de la façon la plus sèche et la plus sommaire, deux légendes qui ont fait le tour de l'Europe orientale : celle de Constantin, le mort voyageur, germanisée par Burger sous le nom de *Lénore*, et celle de la fondation de Scutari ou du pont d'Arta[6], transportée dans la région des Dibras.

Depuis vingt ans seulement, pour ne pas remonter plus haut, c'est-à-dire depuis qu'a paru l'*Introduction au Pantcha-tantra* de Th. Benfey (1859), jusqu'au très agréable livre, à la fois spirituel et savant, de M. Ch. Deulin, *Les contes de ma mère Loye* avant Perrault[7], et aux

---

[6] Dans l'*Abeille chkipe*, n° 3 et 12 des Contes ; la légende du pont d'Arta, Passow, *Chants grecs*. Nous donnons plus loin la traduction des deux récits albanais.

[7] Je dois prendre contre cet écrivain la défense des hommes de bonne volonté qui, comme M. J. Pitré (*Fiabe, novelle e racconti siciliani,* avec aperçu grammatical et vocabulaire, 4 volumes. Palerme, 1875), et M. Marpons y Labros (*la Rondallayre,* contes catalans), prennent la peine de recueillir et d'éditer les productions de la littérature populaire, menacées d'un prochain oubli. Celles-ci, à côté de l'intérêt qu'elles ont, comme œuvres

travaux de M. Gaston Paris, le nombre est infini des écrivains qui, en France et à l'étranger, ont recherché l'origine des fables, des contes, des nouvelles, dont s'amusent l'Orient et l'Occident. Hahn a, pour sa part, presque épuisé le sujet, en ce qui concerne les contes grecs, dans l'Introduction et les remarques de sa traduction. Essayer, même dans la mesure de mes forces, de reprendre ce travail de confrontation à propos des contes albanais eût été affronter une besogne aussi longue qu'inutile ; et je me bornerai, comme je l'ai dit, à les rattacher, par l'intermédiaire des contes grecs, à la chaîne générale. Il y avait toutefois une exception, d'un caractère spécial, à faire au sujet de la *Psyché* d'Apulée. Je prends en effet au mot, et cela sans croire lui faire aucun tort, le rhéteur africain sur son titre de « *Anilis fabula*, conte de vieille », et je n'hésite pas à mettre *Psyché* au nombre des contes, quoiqu'au rang le plus élevé. C'est le plus ancien que nous possédions et, dans l'analyse (personne encore, je crois, n'avait songé à la faire) des éléments mythiques qu'il renferme, le lecteur qui n'y avait pas auparavant prêté une attention suffisante, reconnaîtra quelle nombreuse lignée est sortie de cet ancêtre des contes de nourrice. Les *Rapprochements* annoncés tout à l'heure, et qui

---

d'imagination, le seul auquel M. Deulin soit sensible, en offrent encore un autre, inférieur, mais fort apprécié des *linguistes*. M. Deulin sera le premier à reconnaître combien un conte ou une chanson perd à être transporté même dans la langue la plus voisine. Et puis, n'est-ce pas bien dur, pour ne pas dire méprisant, de traiter de *patois* (p. 279) le catalan, et surtout un dialecte, qui a eu ses poètes originaux, et qui est le parler d'un pays aussi peuplé que la Sicile ? Pour être conséquent, il aurait fallu envelopper dans le même anathème le *Pentamerone,* dont M. Deulin a eu le premier le talent de faire passer des fragments en français ? Ce qu'on peut lui accorder, c'est qu'en effet certains collecteurs n'apportent pas à leur tâche assez de choix et de mesure. Je faisais à peu près les mêmes réserves dans la préface de mon recueil de chants bulgares, conçu sous une préoccupation plutôt littéraire que linguistique. Mon but était autre, en recueillant des contes albanais ; ce que je dis ici pour le cas où quelqu'un trouverait que je suis tombé sous le reproche formulé par l'auteur des *Contes d'un buveur de bière*.

suivent la traduction, n'ont même pas été poussés aussi loin qu'ils auraient pu l'être. La mesure adoptée est celle qui convient pour faire saisir le genre et l'étendue des rapports entre les fictions des deux peuples.

Le résultat général de cette comparaison est que les ressemblances sont grandes et nombreuses dans les sujets, les motifs, les détails, et jusque dans certaines formules de langage. Toutefois, cela ne va jamais jusqu'à identité complète. Les contes, qui font de si longs voyages[8], sont rarement de peuple à peuple, et on pourrait dire de village à village, chez un même peuple, empruntés dans leur totalité. En revanche, les incidents ou traits, assez peu nombreux d'ailleurs, qui en forment la trame et qui, triés et réunis sous certains chefs, constituent des catégories, ce que Hahn appelle des formules[9], des espèces typiques, se mêlent et s'ajustent de la façon la plus étrange et comme au hasard. Tantôt d'un seul conte on en fait plusieurs, tantôt plusieurs se réunissent tant bien que mal en un seul ; ce qui était au commencement

---

[8] Voyez, entre autres, « La laitière et le pot au lait » dans les essais de mythologie comparée de Max Müller, de l'élégante traduction de M. Georges Perrot.

[9] *Formel.* Il en a déterminé quarante, et, pour faire comprendre son système, il n'y a rien de mieux que de traduire une de ces formules ; je choisis la trente-deuxième, comme se rapportant à l'un des exemples indiqués plus bas :

« **32**. Les animaux reconnaissants.

    a. Le héros sauve par compassion la vie à divers animaux.

    b. Ceux-ci lui témoignent leur reconnaissance en l'assistant :

        1e. Dans le concours en vue d'un mariage (Brautwette) ;

        2e. Dans d'autres circonstances périlleuses.

Légende hellénique : Melampous sauve deux jeunes serpents qui, en lui léchant l'oreille, lui enseignent la langue des oiseaux.

Légende germanique : manque.

Contes grecs : n° 9, 36. Variante, n° 61.

Contes allemands : Grimm, n°s 17, 62, 104, 107. — Ey., p 156.

Contes serbes : Vouk, n° 3. »

On verra qu'à cette liste il y a lieu d'ajouter plusieurs morceaux albanais.

passe à la fin, le motif principal n'est plus ailleurs qu'un détail secondaire, et réciproquement. Ce sont de véritables Chimères.

Parfois aussi, les incidents restant les mêmes, ou à peu près, les acteurs de la fable sont changés, et ce n'est pas le moindre intérêt de la fiction populaire, que ces modifications, cette accommodation aux temps et aux lieux, quelle subit à travers ses pérégrinations.

Les exemples à l'appui de ces remarques abondent dans le présent recueil, si limité qu'il soit ; parmi les plus frappants, on peut citer les histoires de serpents reconnaissants et celle de l'ours-ogre, et je demande la permission de m'y arrêter un moment, au risque de paraître anticiper sur les Rapprochements.

Le mythe du serpent, qui appartient à ces légendes d'animaux reconnaissants, rattachées par de savants écrivains aux écritures bouddhiques, sert de point de départ à nos nos 9 et 10, mais de point de départ seulement, et sur cette base, qui n'est même pas identique dans les deux contes, ont été superposés deux récits de provenance diverse, un fragment de l'histoire d'Aladin dans le premier cas. C'est aussi le sujet du no 9 (grec) de Hahn, mais avec bien des différences : le serpent n'est plus seul, il a avec lui un chien et un chat, tous trois sont sauvés de la main d'enfants qui se disposaient à les tuer ; et, entre autres circonstances ajoutées, la princesse mariée (la Boudroulboudour de Galland) s'enfuit avec un esclave noir, ce qui est certainement un souvenir du récit formant l'introduction des *Mille et une Nuits*, mais en même temps une variante, car l'esclave adultère a été donné en cadeau par le roi à sa fille. Sous cette dernière forme exactement, le conte existe en Chypre.

Par contre, le no 11 nous offre une histoire analogue, c'est-à-dire ayant pour fond la possession d'un objet merveilleux, servi par un esclave, et qui procure tout ce qu'on désire, mais dégagé cette fois du mythe du serpent.

Quant à l'ours du no 9, son histoire qui, comme les deux parallèles dont il sera aussi question, a pour idée essentielle le triomphe de l'intelligence ou de la ruse sur la force brutale et idiote, est composée de deux parties distinctes, n'ayant de lien entre elles que l'un des deux principaux personnages, le derviche : un récit empreint de merveilleux, suivi d'une sorte de facétie. Aussi, dans l'une des deux rédactions grecques (H., n° 18) cette facétie n'existe plus qu'en germe, tandis que dans la seconde (n° 23), elle constitue un dénouement trop ingénieux pour être vraiment populaire, et qui paraît, en effet, remonter aux apologues indiens. Les personnages du récit fondamental albanais, l'ours et le derviche, sont remplacés, l'ours par le *drakos*, notre ogre, et le derviche par deux substituts différents ; au n° 18, un *Imberbe* ou homme naturellement sans barbe (σπανος), défaut qui, comme d'autres imperfections physiques, tant chez l'homme que parmi les animaux, paraissent être un signe du destin et marquer ceux qui en sont atteints, pour des aventures extraordinaires[10], et au n° 23, un savetier, Lazare. Or, ce savetier sert de passage au tailleur du conte allemand, *Le valeureux petit tailleur et le géant*[11], qui, comme lui, découvre d'abord sa vaillance en tuant des mouches, et dupe, non plus un ours ou un drakos, mais un géant, espèce d'être étranger, aussi bien que les nains, aux croyances des Albanais et des Grecs.

Cela m'amène à passer brièvement en revue les êtres surnaturels ou fantastiques, créés ou adoptés par l'imagination des Chkipetars. Le premier rang appartient à la *Belle de la terre*, à laquelle les contes grecs ajoutent la Belle du pays et la Belle du monde (ή ώραία τού χόσμου) qui est le sujet d'un chant de la collection de Passow. La Belle de la terre, nom que porte aussi un saurien, la salamandre terrestre, ne se distingue guère d'une femme, gardée d'ordinaire par des bêtes féroces, ou tout bonnement comme au n° 7 de l'*Abeille chkipe*, par ces *trims* ou

---

[10] L'imberbe, aux n°s 37 et autres ; un coq boiteux, un cheval galeux ou estropié, etc. Dans la légende serbe, le coursier de Marko Kraliévitch, Charatz, est d'abord lépreux.

[11] Grimm, dans la traduction de M. Baudry.

serviteurs armés qui forment cortège aux beys albanais. Sa conquête, accomplie au milieu de divers dangers, est l'objet de mainte aventure.

Les *Koutchédras*, monstres anthropophages qui semblent flotter entre la nature humaine et la nature animale, répondent à la fois aux lamies de l'antiquité hellénique, dont je leur ai donné le nom dans ma traduction, aux *Drakos* avec leur femme *Drakaina*, et aux dragons ou serpents fabuleux des Grecs modernes. Leur séjour est tantôt dans les puits, ou au voisinage des fontaines, et alors c'est la vraie lamie, plus connue sous ce nom même, des Bulgares macédoniens que des Grecs[12], tantôt dans des maisons, comme notre ogre, l'*Uerco* napolitain.

La *Loubie* ne diffère pas de la lamie ; elle est exclusivement albanaise et ne figure que dans deux contes.

On sait que les Néréides jouent un rôle prédominant dans les traditions et les chants du peuple grec qui, sous l'influence de vagues idées chrétiennes, en fait parfois des filles du diable, et leur donne, par euphémisme, l'appellation d'*Extérieures*, αἱ ἐξωτιαί, dont la correspondante existe en albanais, selon Hahn, quoique je ne l'aie jamais rencontrée. Les Néréides sont le dernier débris de la classe si nombreuse des nymphes antiques, mais pour moi, ainsi que je l'ai déjà indiqué, je les tiens pour bien plus étroitement apparentées encore aux *Vilas* serbes et aux *Samodivas* des Bulgares qui, comme elles (Hahn, n° 54), comme Drakos ou les dragons (passim), le diable (n° 68), un maître d'école (n° 66) et la *Strigla* (n° 65), apparaissent sous la forme de nuages. La description qui en est donnée aux *Études albanaises* (Ire partie, p. 161) concorde exactement avec celle des Vilas par Vouk[13].

---

[12] Hanh ne les mentionne qu'une fois, au n° 52, qui est le pendant du n° 15 albanais.

[13] « Les Vilas habitent dans les grandes montagnes et les rochers au bord des eaux. Toutes, elles sont jeunes, belles, ont pour vêtement une robe blanche légère, et ont de longs cheveux épars qui leur couvrent les épaules et la poitrine. Elles ne font de mal à personne, à moins qu'on ne les ait offensées,

La Belle de la terre et ces onze jeunes filles qui lui font cortège, me paraissent également une transformation des esprits élémentaires des Slaves (les στοιχεία des chants grecs) ; cela est patent lorsque, recouvrant ses vêtements, qui sont le siège de sa puissance, elle s'échappe, et qu'elle redevient captive, alors qu'ils lui sont ravis au bain[14].

Les « trois femmes » qui, au n° 13 prédisent la destinée d'un nouveau-né, sont les uniques représentantes à la fois de nos fées et des Parques helléniques ; elles figurent aussi dans un des contes albanais traduits par Hahn (n° 103) ; il les y appelle Mœren (Μοίραι), mais j'ignore comment l'original les désigne[15]. On leur donne aussi le nom de *Fati*, qui remonte directement au latin ou à l'italien.

À l'index, il appelle Mœre ou Μοίρα, l'être qui est la *Fortune* de tel ou tel individu, et qui porte la désignation turque de *Bakht* dans notre n° 8. Les Serbes la connaissent aussi, c'est leur *Srétya*.

L'ours, du n° 3, semble une transformation locale du dragon ou de l'ogre ; on peut le rapprocher aussi de la Samodiva, qui se montre sous la forme de cet animal dans un chant bulgare, et enfin il fait songer à la tradition lithuanienne, qui est l'origine du *Lokis* de P. Mérimée.

Le *soleil* anthropophage a manifestement une origine slave ; tout au moins les chants bulgares le personnifient-ils souvent, et on l'y voit, comme les anges de la Genèse, « s'unir aux filles des hommes ».

---

par exemple en dérangeant leur ronde, ou leur repas, ou de quelque autre manière, et elles punissent diversement celui qui s'est rendu coupable de cette offense : elles lui tirent une flèche au pied ou à la main, aux deux pieds ou aux deux mains, ou bien au cœur, et il expire sur-le-champ. » Vouk Stef. Kar. *Dictionnaire serbe.*

[14] N° 12. Voyez mes *Ch. pop. bulgares*, n° 4, p. 152.

[15] Il s'agit des Moires, Clotho (« la Fileuse »), Lachésis (« la Répartitrice ») et Atropos (« l'Implacable »), les divinités du Destin, qui deviendront les Parques romaines. (N.d.E)

Comme la plupart des recueils de contes populaires, le nôtre offre trois genres de récits : merveilleux, nᵒˢ 1 à 17 ; moraux, 18 à 20 ; facétieux, 21 à 23. Ce dernier n'est qu'un fragment d'un conte grec (le nᵒ 85), qui ouvre une série désignée par le traducteur allemand sous le titre de « Contes d'animaux », c'est-à-dire où les animaux jouent un rôle, et un rôle aussi important que l'homme. Le nᵒ 24, si l'on en excepte un trait mythique affaibli, représente le genre de la nouvelle romanesque, d'un ton enfantin d'ailleurs.

Le genre bâtard et insipide de la légende pieuse pagano-chrétienne, si commun en Allemagne, n'existe pas chez les Albanais, et il n'y a pas à s'en plaindre ; dans les contes grecs, il ne s'en rencontre que des traits isolés[16], et j'en citerai un ici, qui est fort curieux. Au nᵒ 60, Jésus-Christ, sentant l'odeur de l'encens qu'une femme brûle en son honneur, à peu près comme le Jupiter de Lucien flaire la graisse fondante des victimes, envoie un ange faire à cette femme exactement la même question que dans les contes grecs et albanais les animaux reconnaissants ont coutume d'adresser en un cas analogue : « Comment pouvons-nous te récompenser du bien que tu nous as fait ? » et y au nᵒ 54, c'est encore Jésus qui, sous la figure d'un vieillard, donne (comme celui de notre nᵒ 12) au héros en peine des instructions qui l'aideront à se tirer d'embarras.

Bien mieux, un conte chypriote nous le représente aussi sous les traits d'un vieillard, se faisant trois fois nettoyer la tête par une jeune fille, conception bien digne d'être mise à côté des hideuses idoles de l'Astarté phénicienne, de la plus que galante déesse de Paphos, d'où les Grecs, par une étonnante élaboration, surent tirer leur souriante Aphrodite aux cheveux d'or[17].

---

[16] M. É. Legrand, toutefois, annonce la publication d'un volume entier de ces légendes.

[17] Cette antithèse des informes ébauches chypriotes et de la Vénus de Milo a pour pendant celle dont Lavater a fait le sujet d'une planche de son ou-

Puisque ce nom de contes chypriotes est venu sous ma plume, il n'est pas hors de propos de dire que j'en ai entendu un assez grand nombre, et cela de la bouche de mon jeune fils, que j'exerçais à me bégayer en français les récits que sa bonne grecque lui faisait pour l'endormir. Ils pouvaient la plupart, aussi bien que les spécimens donnés par Sakellarios, passer pour des copies de ceux de la Grèce continentale et des îles. C'eût été vraiment accomplir une besogne inutile, quand même j'aurais possédé une parcelle du talent de Ch. Perrault, que de les coucher par écrit. Constater ici cette étroite ressemblance était tout ce qu'il y avait à faire.

A. DOZON.

Larnaca de Chypre, 2 février 1881

P. S. L'impression de ce volume était déjà fort avancée, et la préface écrite, lorsque, de passage à Constantinople, j'y ai trouvé le « Recueil de contes populaires grecs », traduits par M. É. Legrand. Je ne puis donc qu'indiquer les titres de ceux de ses contes qui, dans l'ensemble ou les détails, ont le plus de ressemblance avec les albanais. Ce sont : *Rodia* (n° 1 de ce volume) ; Tzitzinaina (n° 2) ; la Citrouille (n° 5) ; Xylomarie (n° 6) ; l'Homme sans barbe (n° 12) ; le Dracophage (n° 5).

---

vrage : une face de grenouille, s'élevant par une série de gradations, à la tête de l'Apollon du Belvédère.

Lamia (lamie). John William Waterhouse, 1905.

FATIMÉ

Il était, il n'était pas[18], il était une fois trois sœurs ; l'une d'elles, la plus jeune, qui s'appelait Fatimé[19], était aussi plus belle que les deux autres. Celles-ci sortirent un jour et demandèrent au soleil : « Soleil, ô soleil ! laquelle de nous est la plus belle ? — Fatimé. » Elles lui enduisirent le visage de poix[20] et le lendemain firent au soleil la même question ; ce fut encore à Fatimé que le soleil donna la préférence.

Les deux aînées alors songent à se défaire de leur cadette, et voici ce qu'elles machinent entre elles : demain, faisons semblant d'aller chercher du bois, nous sortirons avant Fatimé et nous lui dirons de venir nous retrouver là où nous aurons suspendu notre gourde. Cela résolu, le lendemain elles disent a Fatimé : Balaye la maison, nous allons couper du bois, et tu nous trouveras à l'endroit oit notre gourde sera suspendue.

Ses sœurs parties, Fatimé balaya la maison, puis elle se rendit au lieu indique. Elle trouva bien la gourde, mais pas ses sœurs ; elles avaient déjà regagné la maison par un autre côté. Elle fit cent tours dans la forêt pour découvrir un chemin, mais la nuit arriva sans qu'elle y eût réus-

---

[18] J'ai ajouté ici la formule initiale, et plus bas la formule finale, qu'on retrouvera dans la plupart des contes. Cette dernière est plus variée.

[19] Fatimé. Ce personnage, à nom turc, est le seul qui, avec Mosko et Tosko du n° 21, ne soit pas anonyme. Cette absence de noms est d'ailleurs un des caractères des vrais contes populaires, et bien préférable en tout cas à ces dénominations significatives, qu'on trouve dans L'adroite princesse faussement attribuée à Perrault, par exemple, comme Nonchalante, Riche-Cautèle, etc.

[20] *Poix*. Le mot turc du texte m'a été expliqué par *tesson*, ce qui n'aurait pas de sens ici.

si. Alors elle grimpa à la cime d'un arbre et, ayant aperçu bien loin, bien loin, une faible lumière, dans son angoisse elle courut de ce côté et trouva une maison ou, à force de prières, on la reçut.

Or cette maison servait de gîte a quarante voleurs ; la nuit, ils faisaient leur métier, et le jour ils revenaient au logis. Selon leur coutume, ils vinrent ce jour-là aussi et, en arrivant, ils heurtèrent la porte à coups de crosse de fusil ; elle s'ouvrit et ils entrèrent dans la maison. À peine étaient-ils assis, que l'heure du repas arriva ; la table fut dressée on ne peut mieux et on servit. Mais, au premier morceau qu'ils mirent à la bouche, ils s'aperçurent que les mets n'avaient pas été préparés par leur cuisinier ordinaire (celui-ci, en effet, avait chargé Fatimé de faire le dîner, et qui plus est, il était devenu amoureux d'elle).

« Il y a quelqu'un ici ! », dirent-ils au domestique. Il nia d'abord, mais il finit par leur avouer la vérité. Alors ce fut, parmi les voleurs, a qui prendrait Fatimé pour femme ; mais, afin de prévenir toute querelle, on la donna au cuisinier, qui commença dès lors à sortir avec les autres, et les quarante voleurs, qui aimaient Fatimé comme une sœur, lui apportaient chaque jour mille bonnes choses.

Cependant les sœurs aînées apprirent que Fatimé vivait encore, et qu'elle s'était mariée quelque part ; elles en conçurent un violent dépit, et résolurent de la faire mourir coûte que coûte. Un jour elles lui envoyèrent, par une servante, un collier qu'elles avaient empoisonné et qui devait, dès qu'elle le mettrait, lui donner la mort. La servante arrive, la salue (ainsi que cela lui avait été recommandé), et lui présente le collier. Elle s'empresse de le passer à son cou, et à l'instant elle expire.

Sur ce, les voleurs arrivent et font une décharge de leurs fusils pour avoir la porte ouverte ; mais, n'entendant rien ni personne, ils finirent par l'enfoncer et entrèrent dans la maison. Là, ils voient Fatimé étendue au milieu de la chambre. Ils se mettent à la secouer de-ci de-là, et à la fin lui ôtent le collier ; sur-le-champ, elle revint à la vie. Ensuite elle raconta aux voleurs de quelle manière elle était morte, et ils l'engagèrent à se bien garder une autre fois de recevoir quoi que ce soit de ses sœurs.

Mais, dès le lendemain, celles-ci, ayant su qu'elle était encore de ce monde, lui envoient plein un crible de sequins d'or par la même servante qui, au moyen de quelques compliments que lui avaient appris ses maîtresses, sut encore la persuader. Fatimé prit le crible, et elle n'eut pas plutôt mis l'or dans son sein qu'elle expira.

Les voleurs, son mari dans le nombre, étant revenus de leur expédition, la trouvèrent sans vie. À force de la fouiller de tous côtés, ils découvrirent les sequins entassés dans sa poitrine, ils les firent tomber, et elle se ranima. Derechef ils lui recommandent, et avec plus de force, de ne rien accepter de ce que ses sœurs lui enverraient, quoi que ce pût être, mais elle se laissa encore séduire.

Le troisième jour, en effet, ses sœurs, quand elles eurent appris que cette fois encore elle en avait réchappé, lui envoyèrent une bague. Fatimé la prit et en la passant a son doigt, elle tomba inanimée ; elle fut trouvée dans cet état par les voleurs au retour de leur expédition, ils la fouillèrent des pieds à la tête ; mais il ne leur vint pas à l'esprit d'examiner la main. Ils la pleurèrent[21], puis ils la déposèrent dans un cercueil, et, le cercueil ferme, ils le mirent sur un arbre, au pied duquel était une fontaine.

Un jour, le palefrenier du roi vint à cette fontaine pour y abreuver un cheval, mais l'animal, au moment où il approchait du bassin, se mit à reculer et refusa de boire, effrayé qu'il était par l'ombre du cercueil qui se reflétait dans l'eau. Le palefrenier retourna vers le roi et lui raconta ce qui était arrivé. Le roi accourut, et, en voyant reculer le cheval, il jeta les yeux sur le bassin, où se reflétait l'ombre du cercueil. Il ordonna qu'on le descendît, l'ouvrit, et, voyant qu'il y avait dedans une belle femme, le fit porter dans un cabinet où il le mit sous clé. Là, au bout de quelque temps, Fatimé commence à maigrir, et, à la

---

²¹ Par les lamentations en usage dans les funérailles.

fin, la bague lui étant tombée du doigt, au même instant elle revint à la vie, et le roi en fit sa femme.

Il vécut longtemps et prospéra.

RAPPROCHEMENT

Cette formule initiale des contes albanais : « Il était, il n'était pas », appartient aussi mot pour mot aux Magyars, Volt nem volt. Elle est quelquefois, dans l'Abeille albanaise, remplacée par celle-ci : « Il a été, puisse cela ne pas être. » Là aussi, la formule finale est ordinairement : « Ce n'est pas un conte que je vous ai dit, mais j'ai voulu vous tromper. » Quelques contes grecs ont au début : « Commencement du conte et bon soir à votre seigneurie », et à la fin : « Je n'étais pas là, et vous n'avez pas non plus besoin de me croire. »

Pour les sœurs envieuses, qui se retrouvent aussi au n° 3, et les objets plongeant dans un sommeil léthargique, voyez Psyché, et Hahn, passim.

Le fuseau de la Belle au bois dormant, qui a aussi cette propriété de causer une mort apparente, a été rapproché, par l'intermédiaire de la rédaction allemande, intitulée Dornrœschen, de l'épine dont Velin se sert, dans l'Edda, pour endormir profondément la Valkyrie Brünhild. (J. Giimm, préf. de la traduction du Pentamerone).

Le n° 103 (albanais), de Hahn, offre quelques traits de Fatimé. La même question, sur la beauté, y est faite au soleil ; Marigo est empoisonnée (vergiftet) par son père, au moyen d'une bague et d'une épingle à cheveux et déposée dans un cercueil de perles, qu'on suspend par quatre chaînes d'argent à un arbre, au-dessus d'une fontaine ; le fils du roi l'y trouve et sa mère ranime Marigo.

Cette sépulture sur un arbre serait, selon Castrén, un usage tartare, commun, on le sait, aux Peaux-Rouges d'Amérique.

Chevaux qui s'effrayent d'une femme montée sur un arbre, au-dessus de l'abreuvoir, H., n⁰ˢ 1 et 49.

LES SŒURS JALOUSES

Il était un roi, qui avait trois filles. Quand il mourut, celui qui monta sur le trône après lui fit publier par le crieur défense a qui que ce fût d'avoir de la lumière durant la nuit de son avènement. Cette annonce faite, le roi se déguise et sort seul. Après s'être promené de côté et d'autre, il arrive à la maison où demeuraient les filles du roi défunt, et, en s'approchant, il les entend qui conversaient entre elles.

Et voici ce que disait l'aînée : « Si le roi me prenait pour sa femme, je lui ferais un tapis sur lequel l'armée entière pourrait s'asseoir, et il y resterait encore de la place. – Si le roi, dit ensuite la seconde, me prenait pour sa femme, je lui ferais une tente, sous laquelle l'armée entière pourrait être à l'abri, et il y resterait encore de la place. » Enfin la plus jeune dit : « Si c'était moi que le roi épousât, je lui ferais un garçon et une fille, avec une étoile au front et une lune sur les épaules. »

Le roi, qui n'avait pas perdu un mot de ces discours, fit venir les sœurs le lendemain ; et les prit pour femmes, toutes les trois[22]. L'aînée, selon ce qu'elle avait annoncé, fit un tapis ou toute l'armée trouvait à s'asseoir, et il y restait encore de la place. La seconde, à son tour, fit une tente, et toute l'armée s'y trouvait à l'abri. Quant à la plus jeune, au bout de quelque temps, elle devint grosse, et son terme approcha.

---

[22] Les mœurs musulmanes elles-mêmes ne toléraient pas, je crois, ce mariage avec trois sœurs à la fois. Voyez [le] Rapprochement.

Le jour même qu'elle fut délivrée, le roi était absent[23]. À son retour, il demande ce qu'elle a enfanté ? Un petit chat et une petite souris, lui répondent les deux aînées ; ce qu'entendant le roi, il ordonne qu'on place l'accouchée dans l'escalier, avec ordre a quiconque entrerait, de cracher sur elle. Or, elle avait mis au monde un garçon et une fille, mais les deux sœurs, après les avoir enfermés dans un coffre, les envoient exposer au bord du fleuve par une servante, et, un vent violent s'étant ensuite élevé, le coffre fut poussé à l'autre bord.

Sur cette rive, il y avait un moulin, où demeurait un vieillard avec une vieille. Ayant aperçu le coffre, la vieille le prend et le porte au moulin. Là, ils l'ouvrent et voient le garçon et la fille avec l'étoile au front et la lune sur les épaules. Étonnés au dernier point, ils les tirent du coffre et commencent à les élever de leur mieux.

Le temps s'écoula, la vieille mourut, et bientôt après ce fut le tour du vieillard. Avant d'expirer, il appela le garçon et lui dit : « Sache, ô, mon fils, qu'en tel et tel endroit est une grotte, où se trouve une bride qui m'appartient. Cette bride est à toi, mais garde-toi bien d'ouvrir la grotte avant quarante jours révolus, si tu veux que la bride fasse ce que tu lui commanderas. »

Les quarante jours écoulés, le jeune homme va à la grotte et, l'ayant ouverte, il trouve la bride. Il la prend à la main, lui dit : « Je veux deux chevaux », et à l'instant même deux chevaux paraissent[24]. Le frère et la sœur les montent, et, en un clin d'œil, ils arrivent au pays de leur père. Là, le jeune homme se mit à tenir un café ; pour la jeune fille, elle demeurait enfermée à la maison.

Comme ce café était le meilleur du pays, le roi y alla, et, dès l'entrée, il vit ce garçon qui avait une étoile au

---

[23] Au texte : Un jour, lorsqu'elle allait enfanter, le roi était sorti (il n'était pas là).

[24] Paraissent, littéralement « sont faits, deviennent », expression toujours répétée en semblable circonstance, mais qui ne saurait s'employer en français.

front. Il le trouva si beau, qu'il retourna plus tard que de coutume au logis. Quand il rentra, on lui demanda pourquoi il avait tant tardé. Il répondit qu'il y avait un jeune garçon, qui avait ouvert un café, et qui était si beau, qu'on n'avait jamais vu le pareil ; et ce qu'il y a de plus extraordinaire, ajouta-t-il, c'est qu'il a une étoile au front.

Les sœurs (lesquelles l'avaient exposé au bord du fleuve) n'eurent pas plus tôt ouï ces paroles du roi qu'elles comprirent qu'il s'agissait du fils de leur cadette. Outrées de dépit, elles songent aussitôt aux moyens de le faire périr. Que font-elles ? Elles dépêchent une vieille à sa sœur, et la vieille lui parla ainsi : « Ton frère, ô ma fille, ne t'aime guère, car il est toute la journée au café et se donne du bon temps, tandis qu'il te laisse seule ici. S'il t'aime vraiment, dis-lui de t'apporter de chez la Belle de la terre une fleur, afin que tu aies quelque chose, toi aussi, pour te distraire. »

Le soir, le jeune homme, en revenant au logis, voit sa sœur tout affligée. Il lui demande la cause de ce chagrin. « Comment n'en aurais-je pas ? fit-elle ; tu me laisses seule, enfermée, et toi, tu te promènes à ta guise. Si tu m'aimes, va chez la Belle de la terre prendre une fleur, afin que moi aussi, je m'amuse.

– Console-toi, » réplique-t-il, et aussitôt il commande à la bride. Un cheval, quelque chose d'énorme paraît ; il l'enfourche et part.

Comme il cheminait, une lamie se présente devant lui. En l'apercevant, elle lui dit : « J'aurais bien envie de te manger, mais tu me fais pitié, et je te laisse la vie. » Le jeune homme alors s'enquit d'elle, par où il pourrait aller chez la Belle de la terre. « Je n'en sais rien, mon fils, répondit la lamie, mais va le demander a ma seconde sœur. » Voilà le jeune homme qui tire en avant et qui arrive chez la sœur.

Elle sort à sa rencontre, avec l'intention de le dévorer ; mais, le voyant si beau, elle l'épargna et lui demanda où il allait. Il raconte son histoire et lui dit : « Sais-tu le chemin qui conduit chez la Belle de la terre ? » Mais celle-là, à son tour, le renvoie à sa sœur aînée.

Celle-là aussi se précipitait déjà pour le dévorer, mais, de même que les deux autres, elle fut touchée de sa beauté et l'épargna. Ensuite, comme le jeune homme se fut enquis de la Belle de la terre : « Prends ce mouchoir, fit-elle, et, quand tu seras arrivé à sa demeure, sers-t'en pour essuyer la porte ; à l'intérieur, tu verras un lion et un agneau ; au lion, jette de la cervelle, et à l'agneau, de l'herbe. »

Il s'achemine et fait tout ce que lui avait recommandé la lamie. Il essuya la porte, qui s'ouvrit, jeta au lion de la cervelle et de l'herbe à l'agneau, et ils lui laissèrent le passage libre. Il entre, cueille la fleur, et à peine l'a-t-il saisie, qu'en un clin d'œil il est de retour et la porte à sa sœur.

Ce fut une grande joie pour celle-ci, qui se mit à jouer avec la fleur. Mais c'est à peine s'il se passa un jour ; dès le lendemain, les deux sœurs dépêchent la vieille : « T'a-t-il apporté la fleur ? demanda-t-elle à la jeune fine ? – Oui, il me l'a apportée. – Tu es contente, reprit l'autre, mais, si tu avais le mouchoir de la Belle de la terre, ce serait bien autre chose encore. »

Au retour de son frère, elle se prit à pleurer et le frère, la voyant tout en larmes, lui demande ce qu'elle avait. « Quelque plaisir, fit-elle, que me cause la fleur, tant que je n'aurai pas le mouchoir de la Belle de la terre, je ne serai pas heureuse. » Et lui, voulant que sa sœur n'eût pas même l'ombre d'un chagrin, monte à cheval et, pour ne pas nous étendre davantage, il va, le prend et le rapporte à sa sœur.

Le lendemain, quand le jeune homme fut parti pour le café, voilà la vieille sorcière qui revient et qui s'informe au sujet du mouchoir. Ensuite elle dit : « Que tu es heureuse, ma fille, d'avoir un frère, qui te procure tout ce que tu désires. Mais, si tu veux passer ta vie comme une femme de pacha[25], il faut avoir aussi la maîtresse du mouchoir. »

---

[25] L'idéal des femmes, en pays turc.

Pour faire plaisir à sa sœur, notre jeune homme se met de nouveau en route et arrive chez l'aînée des lamies. « Ô, mon fils, lui dit-elle, tu peux y aller, mais, quant à t'emparer de la maîtresse du mouchoir, ce n'est pas chose si facile. Surtout, fais en sorte de trouver son anneau, car c'est en lui que réside toute sa puissance. »

Il continue sa route, et, après être passé devant le lion et l'agneau, il pénètre plus loin et arrive à la chambre de la Belle de la terre. Elle dormait : il s'approche tout doucement, tout doucement, et lui tire la bague du doigt. À l'instant même elle s'éveilla, et vit qu'elle était prise, car elle n'avait plus son anneau. Ils partent tous deux, le jeune homme et elle, et, en moins de rien, ils arrivent à la maison. En les voyant, la sœur fut au comble de la joie.

Le lendemain le roi alla encore au café, et, en rentrant au logis, il commanda qu'on préparât à souper, attendu, dit-il, qu'il avait invité le jeune homme avec tous les siens. Vite les sœurs ordonnent aux cuisiniers de mettre du poison dans les mets, et ils obéissent.

Au tomber de la nuit, le jeune homme arrive avec la Belle de la terre, qu'il avait épousée, et avec sa sœur. Mais aucun d'eux, quelques instances que le roi leur fit, ne voulut toucher à rien, car la Belle de la terre leur avait révélé que les mets étaient empoisonnés ; ils ne mangèrent que quelques bouchées de la compote du roi.

Celui-ci, le repas fini, invita chacun à conter une histoire, et, quand ce fut au tour du jeune homme, il fit le récit complet de ses aventures. Alors le roi reconnut en lui le fils de la plus jeune de ses femmes, celle que, trompé par les calomnies de ses sœurs, il avait exposée sur un escalier. À l'instant même, il ordonne de saisir et de mettre en pièces les deux sœurs, et il reprend sa femme. Quant au jeune homme, il en fit son héritier.

Il vieillit et prospéra.

RAPPROCHEMENT

Si j'ai bonne mémoire, ce récit appartient, dans sa seconde partie, aux *Mille et une Nuits,* dont le n° 69, H., avec ses nombreuses variantes, est encore plus voisin. Le roi n'y épouse que la sœur cadette, laquelle, après sa maternité, est non pas exposée sur un escalier, mais *emmurée.*

Animaux substitués aux nouveau-nés : au n° 65, c'est un chien, un chat et une souris, et dans la deuxième variante, un serpent. Au n° 69, c'est la belle-mère qui fait exposer les enfants, et il y en a trois, appelés Soleil, Lune et Étoile du matin. Ces noms font penser à Aurore et à Jour, de la *Belle au bois.*

Il a été parlé de la Belle de la terre dans la préface.

Les trois lamies reviennent sans cesse, sous divers noms, dans les contes grecs.

Pour le banquet empoisonné, il serait peut-être bien ambitieux de remonter à celui de Proserpine, dans *Psyché.*

L'OURS ET LE DERVICHE

Il était un berger, qui avait un troupeau de moutons, et se trouvait fort incommode par un ours qui venait chaque jour lui prendre cinq ou six bêtes. Une fois vint à passer près de ce troupeau un derviche, auquel le berger dit, après qu'ils se furent entresalués : « Il y a près d'ici un ours qui ne me laisse point de repos ; pas un jour ne se passe, sans qu'il ne vienne me prendre, quoi que je fasse, tantôt cinq, tantôt six moutons. — Rien de plus facile, répondit le derviche, que de t'en débarrasser, et pour cela je ne te demande, avant de l'avoir tué, autre chose que trois petites outres remplies de fromage blanc. » Le berger lui donna aussitôt ce qu'il désirait.

L'ours arriva, selon sa coutume, pour prendre les moutons. En le voyant, le derviche alla à sa rencontre ; il se mit à disputer avec lui sur la question de savoir lequel des deux était le plus fort. L'ours soutenait que c'était lui, tandis que le derviche lui dit : « Moi, je t'écraserais menu comme cette pierre », et en même temps il tirait de son sac, avec tant d'adresse que l'ours ne s'en aperçut pas, une des outres de fromage, puis la seconde, et enfin la troisième, et il broya le tout comme farine. L'ours, fort étonné, ramassa une pierre blanche, mais il eut beau la presser, il ne put la réduire en poudre comme avait fait le derviche. Alors ils devinrent une paire d'amis.

Peu après l'ours, sentant venir la faim, dit au derviche d'enlever quelque bœuf pour dîner, tandis que lui irait à la foret couper du bois. « C'est ton affaire, répondit le derviche, de te procurer un bœuf ; pour moi, un bœuf ne me suffit pas, et je ne me contente pas à moins de quelque chose comme un lion. » Par cet artifice, il se tira de l'embarras ou il aurait été à propos du bœuf, et l'ours partit pour aller chercher du bois. En chemin il trouva un troupeau, et, ayant saisi un bœuf, il le jeta sur son dos.

Après son départ, que fait le derviche ? Il prend un fil, se met à en lier tous les arbres, comme s'il voulait les arracher d'un seul coup. L'ours attendait le derviche, mais, ne le voyant pas paraître, il s'en va jusqu'à la forêt, ou il le trouve qui s'apprêtait, à ce qu'il semblait, à déraciner tous les arbres d'un seul coup. Grand fut l'étonnement de l'ours, et il pensa en lui-même : « En voici un qui est mille fois plus fort que moi. » Ensuite, s'adressant au derviche : « Qu'en as-tu, lui dit-il, à ces arbres, que tu veux les arracher ? Prends une ou deux branches, et partons. – Que je prenne, moi, deux branches, répondit l'autre, ce n'est pas d'un homme tel que moi ; prends-les, toi, si cela te convient. » Aussitôt l'ours d'arracher deux branches à un arbre, et, après qu'ils furent retournés où était le bœuf, il se mit à l'écorcher.

Mais il restait à le rôtir. « Je vais, dit le derviche à l'ours, chercher de l'eau ; toi, pendant ce temps-là, tourne la broche, et n'aie pas peur de te fatiguer. » Cela dit, il prend une outre et s'en va vers une source qui sortait d'un rocher ; mais, l'outre remplie, et après l'avoir jetée sur son dos, il ne put l'y maintenir ; elle pendait presque jusqu'à terre, et c'est tout au plus s'il la tenait assez haut pour l'empêcher d'être crevée par les pierres.

L'ours attendit une heure, deux heures, puis il partit du côté de la fontaine où était allé le derviche, et, l'ayant rejoint, il lui demanda pourquoi il avait tant tardé. « C'est, répondit-il, que je voulais enlever le rocher tout entier avec la source, car de revenir avec l'outre seulement, ce serait une honte pour moi, mais cela est très incommode à porter : toi, tu peux bien te charger au moins de l'outre. » En effet, l'ours la jette sur son dos, et ils s'en reviennent tous les deux.

Chemin faisant, l'ours proposa au derviche de lutter ensemble. « Va-t'en bien vite, lui répondit l'autre, tu n'es pas de force avec moi. » À la fin pourtant, ils en viennent aux mains, et une fois l'ours étreignit le derviche avec tant de force, que les yeux lui sortaient de la tête et qu'il avait la face rouge comme du sang. Ce que voyant l'ours, il lui demanda ce qui le mettait en pareil état. « C'est, dit-il, que je ne sais ce que je dois faire : si je te jette de ce côté, tu seras brisé en mille morceaux, si je te jette de l'autre, ce sera encore pis. » L'ours alors de crier grâce, et il le laissa.

Un moment après ils arrivent au lieu où était le bœuf ; ils l'étendirent devant eux et se mirent à manger. À peine le derviche eut-il avalé quelques bouchées, qu'il s'arrêta. « Pourquoi ne manges-tu pas ? dit l'ours. – Il n'y a qu'un moment, répondit le derviche, que j'ai croqué plusieurs moutons, lorsque je suis allé chercher de l'eau » (or il n'en avait pas mangé la queue d'un). Le repas fini : « Allons, dit l'ours, à ma maison, comme deux amis que nous sommes », et il l'y conduisit.

En arrivant, il commanda à sa mère et à sa sœur d'aiguiser la hache, parce qu'il voulait tuer l'homme qu'il avait amené, afin d'être délivré de quelqu'un de plus fort que lui. Mais la sœur de l'ours courut trouver le derviche et lui rapporta ce discours.

La nuit venue, l'ours ordonna qu'on préparât le souper, et, après avoir mangé leur saoul, les deux compagnons se levèrent et allèrent se coucher. Le derviche feignit de se jeter sur le lit qu'on avait préparé, mais il se cacha sous le bat de l'âne du logis. L'ours, au milieu de la nuit, se leva, et, prenant sa hache, il en asséna trois ou quatre bons coups ; après quoi, croyant avoir tué le derviche, il alla se recoucher.

Le jour n'était pas encore paru, quand il sortit pour aller chercher du bois, et, au retour, il aperçut le derviche qui venait à sa rencontre. Cette vue lui fit ouvrir de grands yeux, il demeura stupéfait. Lui ayant demandé comment il avait dormi : « Fort bien, répondit l'autre, si ce n'est que vers le milieu de la nuit une ou deux puces m'ont mordu. » L'étonnement de l'ours ne fut pas mince, d'ouïr que des coups de hache lui eussent fait l'effet d'autant de puces.

Alors il n'y tint plus, il avoua au derviche ce qu'il lui avait fait pendant la nuit, et finit par le prier de le rendre aussi fort que lui.

« Rien de plus aisé, fit le derviche, et même pour cela je n'ai besoin que d'une outre de lait. » L'ours se dépêcha d'aller vers le troupeau du berger, qui fut grandement affligé, en voyant qu'il était encore de ce monde. Il revint trouver le derviche avec l'outre pleine, et, selon ce que celui-ci ordonna, il alluma du feu et mit dessus un chaudron, où il versa le lait. Quand le lait bouillit à gros bouillons, le derviche lui dit de mettre la tête dedans, c'était là le moyen de devenir fort. L'ours plongea la tête une première fois, mais cela lui fit mal, puis une seconde, et à la troisième le derviche le poussa si bien qu'il tomba dans la chaudière et y fut brûlé.

Cela fait, le derviche s'en va trouver le berger et lui apprend qu'il a tué l'ours. Le berger, dans sa joie, ne savait comment le récompenser, et lui demanda ce qu'il voulait. Mais le derviche accepta rien autre chose qu'un chevreau, avec lequel il s'en alla, et le soir venu, il trouva refuge dans la tanière d'un loup. Le loup, durant la nuit, profitant du sommeil du derviche, mange le chevreau. De dépit le derviche ôte ses caleçons et s'en sert pour boucher la tanière ; le loup, en voulant sortir, se trouve pris dans les caleçons, et le derviche le saisit et l'emporte.

Son chemin le mène dans un village, c'était un jour de dimanche, et le monde, à ce moment-là, sortait de l'église. Le prêtre, voyant un étranger, lui demande d'où il arrivait et le motif de sa venue. « Je viens, fit l'autre, pour vendre un berger, qui est le meilleur du monde, et qui ne demande absolument que la nourriture, rien de plus. – Où est-il, ce berger ? – Ici, dans ces caleçons », et, le marché conclu, il remit le berger au prêtre, qui le prit et le mena chez lui. Quant au derviche, après s'être ainsi défait du berger, il quitta le village.

Le lendemain, le prêtre ouvrit les volets pour s'assurer si le nouveau berger avait fait sortir les moutons au pâturage, mais il eut beau regarder, il ne vit rien ; car le berger, en vrai loup qu'il était, les avait mangés sans même en laisser un. Il se rend à la station du bétail, et là encore il ne trouve trace de moutons. Aussitôt jetant son fusil sur l'épaule, il part à la recherche du derviche.

Mais le derviche lui-même avait trouvé sur son chemin des voleurs, lesquels ne pouvaient se mettre d'accord pour faire le partage de l'argent qu'ils avaient dérobé. En apercevant le voyageur, ils lui remettent l'argent, en le priant de le distribuer entre eux, en honnête derviche. Soit, dit-il, mais je ne veux pas de querelle ; pour cela le mieux est que je vous attache tous, tant que vous êtes, a cet arbre. Après les avoir liés solidement, il fait les parts, il en prend une et la met dans sa poche, puis une seconde, et ainsi de toutes les autres ; ensuite il détale.

Le prêtre, à force de chercher de côté et d'autre, arrive à l'endroit où étaient les voleurs, que le derviche avait attachés.

« N'est-il pas, leur demanda-t-il, passé par ici un derviche ? Il m'a donné un berger, qui m'a dévoré tous mes moutons. — Oui bien, et c'est lui qui nous a liés, mais détache-nous, afin que nous allions ensemble à sa poursuite, et nous mettrons la main dessus, n'importe où. »

Ils partent tous de compagnie, les voleurs et le prêtre, et, après avoir couru sur les traces du derviche sans le rencontrer, ils arrivent à sa maison. Mais le derviche, qui les voyait venir, crie « au secours », et les gens du village, accourant à sa voix, firent main basse sur eux et les taillèrent en pièces.

RAPPROCHEMENT

Voyez la préface.

Cet ours, d'habitudes à demi humaines, outre la Samodiva bulgare, rappelle encore le Soleil de notre n° 7 et le diable du n° 54, H. ; tous, ils tiennent, je crois, la place d'un dragon primitif.

Au n° 18, H., l'imberbe, après avoir tué le *drakos*, et, en s'en allant avec l'agneau reçu pour récompense, rencontre une *renarde*, qui le lui vole, mais dont il se venge ensuite par une ruse qui a pour résultat de la faire périr.

Au nº 23, Lazare le savetier, qui a écrasé quarante mouches d'un coup de poing, se fait faire un sabre portant cette inscription : « J'en ai tué quarante d'un coup. » Un drakos, qui la lit, demande à Lazare de faire amitié avec lui, étant persuadé qu'il a affaire à l'homme le plus fort du monde ; leur amitié, ou plutôt leur *fraternité* à la façon grecque et albanaise, est bénie par un pope. Lazare ensuite est conduit par son nouvel ami chez les autres drakos, qu'il dupe comme dans notre conte.

Ils cherchent à se débarrasser de lui, en lui donnant de l'or. Son ami rencontre une renarde, qui le détrompe sur la force prétendue de Lazare, et, pour mieux le convaincre, l'engage à revenir avec elle en s'attachant à sa queue. Lazare, en le voyant venir, crie à la renarde : « Comment ! Je t'avais commandé de m'amener tous les drakos, et tu ne m'en amènes qu'un ? », etc.

Ce dénouement paraît, en effet, imité du *Çukasaptati* indien (Benfey, *Pantchatantra*, t. I, p. 506) : Une femme parvient à épouvanter un tigre par une *gasconnade* du même genre, qui réussit une seconde fois, même après que le chacal a endoctriné la bête féroce.

Hahn a tiré des deux contes grecs comparés à Grimm, nº 20 et 183, sa trente-neuvième formule.

LE POU

Il était un roi, qui avait une fille. Un jour il lui dit : « Ne veux-tu pas m'épouiller un peu ? » Et elle se mit à l'épouiller[26]. Mais ne voilà-t-il pas qu'elle lui trouve un pou dans la barbe ! Tout étonnée, elle le montre au roi. « Mets-le quelque part, dit celui-ci, que nous voyons ce qui en adviendra, car ce pou doit signifier quelque chose ; jamais jusqu'ici je n'en avais trouvé, et, puisqu'il s'en rencontre un, cela annonce quelque prodige. »

La fille du roi lui obéit, elle mit d'abord le pou dans une boîte ; mais, en peu d'instants, il grossit tellement que la boîte ne pouvait plus le contenir. Ils le retirent de là, et l'enferment dans une armoire, mais là aussi il devint bientôt si grand, qu'il n'y tenait qu'avec peine. Le roi se décida donc à l'ôter de là et fit annoncer publiquement par le crieur, qu'il donnerait sa fille en mariage à l'homme qui devinerait ce que c'était que *ce pou.*

Tout le peuple se rassembla, mais personne ne découvrit ce que c'était, car il ressemblait bien moins à un pou qu'à un bouc barbu. À la fin, le diable aussi se présenta, et, au premier coup d'œil, il dit que c'était un pou. Le roi eut des soupçons, il pensa en lui-même : « Celui-là ne doit pas être un homme, et il ne voulut pas lui donner sa fille. »

Le lendemain, il réunit de nouveau tout le peuple, mais sans plus de succès. Le même diable, qui avait paru

---

[26] *Epouiller.* Cette action, si peu séante pour nous, est accomplie dans maint conte grec, allemand, etc. (on se souvient du *Mendiant* de Murillo), par des jeunes filles sur leurs amants, sur des dragons par les princesses qu'ils ont enlevées, et, même dans une légende bulgare en vers, Saint Georges reçoit le même service de la demoiselle exposée au dragon, dont il va la délivrer.

la veille, se présente encore, quoique sous un costume différent ; le roi le refuse derechef. Le troisième jour, pour le dire en peu de mots, il revient encore, autrement habillé ; nouveau refus du roi. Alors le diable lui dit : « Montre-la-moi un peu », et, à l'instant qu'il l'aperçut, il la saisit et l'emporta sous terre, là où il avait sa demeure.

Le roi, après que sa fille lui eut ainsi été ravie, fit crier publiquement défense à quiconque d'avoir de la lumière cette nuit-là. Or, une certaine vieille n'eut pas égard à cette défense. Le lendemain, on l'appelle au palais et on lui demande pourquoi elle n'avait pas observé l'ordre du roi ? « J'ai, répondit-elle, sept fils ; tous, tant qu'ils sont, ils ne viennent à la maison que le soir et s'en vont le matin ; si donc je ne me divertis la nuit, quand me divertirai-je ? » Le roi demanda alors à la vieille quel métier avaient ses fils. « Moi-même je l'ignore, fit-elle, mais ce soir, quand ils viendront, je veux m'en enquérir. — Eh bien, envoie-les-moi. »

Le soir, à l'heure où l'on quitte le travail, les fils de la vieille arrivent au logis tous les sept, et la mère les avertit que le roi les voulait voir. Le lendemain donc ils se lèvent et vont se présenter au roi, lequel, après leur avoir d'abord demandé de qui ils étaient fils, leur posa cette autre question : « Que savez-vous faire[27] ?

— Moi, répondit l'aîné, j'ai pour talent d'entendre un homme, si loin qu'il puisse être.

— Moi, fit le second, je commande à la terre de s'ouvrir, et sur-le-champ elle s'ouvre. »

Le troisième dit : « Moi, je sais dérober à toute personne un objet sans qu'elle s'en aperçoive. »

Le quatrième : « C'est moi qui lance un soulier jusqu'au bout du monde.

— En quelque lieu que je me trouve, fit le cinquième, je dis qu'une tour *soit*, et à l'instant elle est. »

---

[27] Litt. *quel métier* avez-vous ? La variante, dans l'*Abeille albanaise*, n° 10, emploie l'expression, « dons de nature ».

Le sixième dit : « Moi, j'ai pour talent, si haut que soit un objet, de l'abattre, en tirant, d'un seul coup.

– Moi, dit le dernier, quand même une chose tomberait du ciel, je la reçois dans mes mains avant qu'elle ne touche terre. »

Le roi, ainsi informé de ce qu'ils savaient faire, leur ordonna de se mettre en quête de sa fille, et les régala de quelques sacs de sequins d'or.

Les voilà partis. Quand ils eurent cheminé cinq à six jours, l'un d'eux dit : « Hé ! toi qui entends, prête donc l'oreille pour savoir si nous approchons. » Il mit l'oreille à terre, et leur dit : « Nous n'y sommes pas encore, mais il ne s'en faut pas de beaucoup » ; puis, au bout de quelque temps, ayant écouté de nouveau : « Nous y voilà », fit-il.

Un peu plus loin, ils dirent au second d'ouvrir la terre. Il suffit d'un mot qu'il prononça, la terre s'entr'ouvrit, et le troisième y entra pour prendre la fille du roi. Mais, pour en devenir maître, il fallait qu'il trouvât le diable dormant. Il attend un peu, jusqu'à ce qu'il se fût endormi, puis tout doucement, tout doucement, il saisit la fille que le diable tenait couchée sur sa poitrine, et à sa place il mit un crapaud. Ce fut alors au tour du quatrième de descendre, lequel, prenant un des souliers du diable, le lança au bout du monde. Ensuite ils s'éloignèrent tous ensemble, emmenant la fille du roi.

Le sommeil du diable ne fut pas long. En se réveillant, il eut beau regarder de droite et de gauche, plus de princesse ! Il se lève pour voir qui l'avait enlevée. Mais d'abord il chercha ses souliers, et n'en trouva qu'un. À force de porter les yeux de côté et d'autre, il aperçut le soulier et s'élança pour aller le prendre.

Pendant qu'il courait ainsi au bout du monde, ceux qui emmenaient la demoiselle avaient pris bien de l'avance. Pourtant il fit si grande diligence qu'il ne tarda pas à les rejoindre, et, comme ils le virent approcher, ils dirent à celui que cela regardait de faire la tour. En un clin d'œil il vous fait une tour, fermée des quatre côtés, et qui n'avait ni fenêtre ni ouverture quelconque, aussi le diable perdit-il sa peine à vouloir y entrer. À la fin, il les pria de lui laisser voir un moment la jeune fille. Ils firent un trou dans le mur, juste assez grand pour les yeux, mais cela suffit au diable ; à peine l'eut-il aperçue par ce trou que, la ravissant de nouveau, il s'éleva dans les airs si haut, si haut, qu'on ne le voyait plus. Sur quoi, celui qui était bon tireur ajusta le diable, qui fut tué du coup, mais l'autre ne laissa pas toucher terre à la jeune fille, auparavant il s'élança et la reçut dans ses bras.

Ayant ainsi échappé une seconde fois au diable, ils continuèrent leur route et arrivèrent chez le roi. Enchanté d'avoir retrouvé sa fille, le roi ordonna une illumination générale et de grandes réjouissances. Ensuite il lui demanda auquel des sept frères elle était surtout redevable de la vie. « Tous, répondit-elle, ont contribué à me la sauver, mais plus que les autres, celui qui m'a reçue dans ses bras. » (Or celui-là était le plus jeune et le plus beau de tous, ainsi que j'ai oublié de vous le dire). C'est pourquoi le roi lui donna sa fille en mariage, et, en mourant, il lui laissa son trône ; quant aux autres frères, il leur conféra des emplois et des dignités.

RAPPROCHEMENT

Je n'ai pas retrouvé cette histoire dans les contes grecs ; en revanche, elle est reproduite, avec peu de différences, une fois dans l'*Abeille albanaise* et deux fois au *Pentamerone*.

Ab. alb, n° 10. La fille d'un roi ne voulait pas se marier, et elle nourrissait un pou sur son front. Enfin, contrainte par les instances de son père, elle se résigne ; la tête du pou, qui était devenu fort gros, est coupée, et conformément à sa propre promesse, la princesse est en effet donnée en mariage au diable, qui seul avait reconnu la tête. De quoi « le roi se réjouit fort, attendu qu'il se voyait débarrassé d'un lourd fardeau et du souci qu'il avait auparavant ».

Cependant, ce tendre père est ému jusqu'aux larmes, lorsque, plus tard, il reçoit un message de sa fille, laquelle avait été enlevée par le diable et confinée sous terre. Ce message a été confié à une colombe, qu'elle avait prise avec elle.

C'est en prenant cette colombe pour guide que les sept frères, à l'aide de leurs *dons naturels*, découvrent l'endroit où la princesse était cachée et l'arrachent à son ravisseur. Un détail assez naïf, c'est que, pour la délivrer, un des frères lance en l'air toute la portion de la terre où elle se trouvait. Elle épouse aussi un de ses libérateurs.

Au n° 5 du *Pentamerone* le parasite est transformé en puce. Le roi prend sur lui-même une de ces bêtes, qu'il engraisse de son sang pendant sept mois. Devenue grosse comme un mouton, il la fait écorcher et en fait tanner la peau. Un ogre (*uerco*), qui a seul reconnu la nature de cette peau, obtient réellement en mariage la fille du roi.

Porziella — c'est son nom — dans la forêt où elle habite avec son mari, voit passer une vieille, à laquelle elle conte ses malheurs et dont les sept fils la délivrent à peu près par les mêmes procédés. Elle est mariée ensuite à « un homme d'importance ».

Porcione, au n° 47, envoie ses « cinq fils », et non plus sept, courir le monde pour y acquérir quelque talent. Ils délivrent Cianna, ravie par un ogre (le motif de l'*insecte* manque ici), et que son père avait promise en mariage à qui la lui ramènerait. C'est au père que le roi la donne, les fils ne pouvant se mettre d'accord à qui épousera Cianna.

Ce diable (ailleurs un dragon ou quelque autre monstre), à la poursuite de la princesse par lui enlevée et des libérateurs de celle-ci, a son analogue dans cinq contes grecs (voir l'*Index* de H., au mot *Hindernisse*), sans parler du *Pentamerone*. Les objets qui servent à arrêter ou retarder le monstre, en produisant une rivière, un lac, une forêt, une montagne, etc., sont un peigne, un miroir, un couteau, du sel et du savon.

LA BELLE DE LA TERRE

Il était un roi qui avait trois fils ; il possédait aussi un jardin dans lequel se trouvaient un pommier d'or et un puits, et dans ce puits habitait une lamie, qui chaque jour en sortait et venait prendre une pomme d'or.

Une fois le fils aîné du roi se présenta devant son père et lui dit : « Père, marie-moi !

Volontiers, lui répondit le roi ; si tu es capable de tuer la lamie, je te marierai. » Le jeune homme aussitôt alla acheter un arc, il se mit aux aguets, et, au moment où la lamie sortait du puits, il lui tira une flèche, mais sans pouvoir l'abattre.

Le second des fils alors fit la même demande à son père, et, en ayant reçu la même réponse, il tenta, sans plus de succès, de tuer la lamie.

À son tour, le cadet alla trouver son père, qui lui répondit comme il l'avait fait aux deux aînés. Pour lui, il achète un casse-tête[28], se lève qu'il faisait encore nuit et va se mettre en embuscade dans le jardin. La lamie ne manqua pas, selon sa coutume, de sortir du puits, afin de prendre une pomme, et le jeune homme, dès qu'il l'aperçut, lui asséna un coup de sa massue et la terrassa, mais le monstre, en se traînant à grand-peine, put regagner le puits et s'y précipita.

Grand dépit du jeune homme qui, après avoir réfléchi à ce qu'il convenait de faire, appela les serviteurs et leur dit : « Je vais me lier de cette corde et descendre dans le puits ; vous, quand je la secouerai, vous me retirerez. » Et, en effet, s'étant lié et étant descendu au fond du puits, il y trouva, avec la lamie, la Belle de la terre.

---

[28] Ou masse d'armes (*topouz*, en turc), grosse boule de fer garnie de pointes.

Il attacha d'abord la lamie, puis la Belle de la terre, et enfin lui-même ; cela fait, il secoue la corde, les serviteurs la soulèvent ; mais, après avoir fait sortir la Belle de la terre et la lamie, ils la coupent, et le jeune homme retombe au fond du puits.

Là il s'enfonça sous la terre et, à force de marcher, il sortit non loin d'une montagne, et s'endormit au pied d'un arbre. Pendant son sommeil vient un serpent qui voulait monter à l'arbre, pour dévorer ce qu'il y avait dans un nid qui s'y trouvait. Le bruit le réveille, il aperçoit le serpent et le tue. Ensuite arrive l'aigle, dont c'était le nid, et qui, voyant le serpent sans vie, se dit à lui-même : « Qui donc a donné la mort à ce serpent ? C'est sans doute, l'homme qui dort là-dessous. » Et étendant ses ailes, il l'abrita de leur ombre.

« Oh ! le délicieux sommeil que j'ai eu ! s'écria le jeune homme, en s'éveillant quelque temps après. — Est-ce toi, lui demanda l'aigle, qui as tué ce serpent ? — C'est moi. — Et quelle récompense veux-tu pour le service que tu m'as rendu ? — Aucune, sinon que tu me reportes chez moi. — Partons, reprit l'aigle, mais, quand je crierai : gâ ! il faut que tu me donnes un morceau de viande. »

L'aigle prit son essor, et, chemin faisant, il poussa un cri : gâ ! Et le jeune homme lui jeta dans le bec un morceau de viande ; de même une seconde fois, mais la maison était déjà en vue, quand l'oiseau cria encore une fois : gâ !

Il ne restait plus de viande au jeune homme, il coupa donc un morceau de son mollet, et le jeta à l'aigle. L'aigle le garda dans son bec, et, lorsque le jeune homme mit pied à terre : « Qu'as-tu à boiter ? lui demanda-t-il. — C'est que tu m'avais ordonné de te donner de la viande chaque fois que tu crierais : gâ ! À la fin, elle m'a manqué, et, pour te satisfaire, je me suis coupé le mollet. »

L'aigle alors lui rendit le morceau de chair qu'il s'était ôté, le remit en place, et puis lui dit : « Prends ces trois plumes, l'une rouge, l'autre blanche, la troisième noire. Quand tu passeras sur tes lèvres la plume rouge, tu verras paraître un cheval ailé ; si tu y passes la blanche, il paraîtra un palais doué de la parole ; si c'est la noire, des esclaves, de l'argent, et tout ce que tu pourras souhaiter. »

Le roi cependant avait fait enfermer la Belle de la terre dans un appartement, et, après avoir fait tirer un fossé autour de la maison, il avait envoyé des crieurs publier cette proclamation : le premier qui pourra d'un saut franchir le fossé, aura en mariage la Belle de la terre. Cette épreuve avait attiré une foule de gens, mais nul n'en sortait vainqueur. Sur ces entrefaites, le jeune prince arriva, il passa dans sa bouche la plume rouge, et elle se changea en un cheval, sur lequel il bondit par-dessus le fossé[29]. Le roi ordonna des réjouissances et, selon sa promesse, il lui donna pour femme la Belle de la terre. Le prince se fit alors connaître, en disant au roi : « Je suis ton fils, » et le roi fit mettre à mort les serviteurs.

RAPPROCHEMENT

Ce conte est fort écourté ; le grec, que Hahn a intitulé, je ne sais pourquoi, « La descente aux enfers » (n° 70), est beaucoup plus développé et plus riche en aventures.

Jardin avec pommier (aussi au n° 32) portant trois pommes d'or, dont les deux premières sont enlevées par un *nuage* ; le fils cadet tire une flèche dans ce nuage, et la pomme est sauvée. Disant alors « qu'il a blessé le voleur », le jeûne homme se met, avec les deux aînés, à sa poursuite.

En suivant la piste d'après des gouttes de sang, il arrive à une pierre, qu'il soulève et qui donne ouverture dans un gouffre, où ses frères le descendent à l'aide d'une corde. Au fond, il trouve d'abord trois jeunes filles (remplaçant la Belle de la terre de l'albanais), qui jouent avec des pommes du jardin paternel, puis le *dragon* blessé, qu'il achève. Il fait remonter les jeunes filles, dont il destine les deux aînées à ses frères, en se réservant la cadette. Cela fait, ses frères s'éloignent, en

---

[29] Comme il n'est plus parlé des autres plumes, on peut croire que le récit est incomplet.

l'abandonnant dans le gouffre ; mais, en prévision de ce fait, la jeune fille lui avait enseigné ce qu'il aurait à faire dans le monde inférieur.

Commençant son voyage souterrain, et faute d'avoir suivi ces instructions, il est précipité « encore une fois aussi profondément dans le monde inférieur, » où il trouve, du reste, une ville absolument semblable à celles du monde sublunaire ; il y délivre une princesse livrée à un serpent à douze têtes, et dont il refuse la main.

Pour seule récompense, il demande au roi de le faire remonter sur la terre. Le roi, pour cette entreprise difficile, l'adresse à des aigles, dont la nichée est sauvée par lui d'un autre serpent à dix-huit têtes, et qui accomplissent son désir, non sans qu'il se soit aussi coupé la jambe pour les nourrir, etc. Le cri des aigles est *kra* pour demander de la viande, *glu* pour demander de l'eau.

Rentré chez lui, il trouve son père possédé du désir d'épouser la jeune fille qu'il s'était destinée ; quelques détails rappellent, ici encore, *Peau d'âne*. Il se fait reconnaître en racontant sa propre histoire, comme celle d'un étranger, et après avoir pris, pour convaincre ses frères, une précaution d'un comique populaire, il fait fermer les portes, afin que personne ne puisse, durant son récit, partir pour satisfaire certain besoin naturel. « Mich pissert », dit en effet un des frères, quand il comprend de quoi il s'agit.

L'aigle reconnaissant reparaît au n° 28, mais cette fois en compagnie d'un poisson et d'un renard, qui assistent un chasseur, qui les a épargnés.

Sur cette apparition d'un dragon sous la forme d'un nuage, voyez la préface.

Quant au jardin avec pommier à fruits d'or, il n'est pas besoin de rappeler qu'il a son prototype dans celui des Hespérides.

LES SOULIERS

Il était un roi qui était marié et avait une fille. Sa femme tomba gravement malade et, quand elle sentit que l'heure de la mort approchait, elle appela son mari et lui dit : « Commande au cordonnier une paire de souliers, ni trop grands, ni trop petits ; pour cela qu'il vienne me prendre mesure, de manière qu'ils soient justes à mon pied. Après ma mort, tu enverras un serviteur porter ces souliers de ville en ville, et la fille ou la femme à laquelle ils se trouveront aller parfaitement, tu l'épouseras. »

Son épouse morte, le roi dépêcha le serviteur ; mais, quand celui-ci revint, il dit au roi : « Il ne s'est trouvé ni femme ni fille à qui les souliers fussent juste ; pour les unes ils étaient trop grands, pour les autres ils étaient trop petits. »

Un jour il arriva que la fille du roi mît les souliers, pour voir comment ils lui allaient ; si elle les essayait d'ailleurs, ce n'était pas du tout avec le désir que son père la prît pour femme. Elle se les passa donc aux pieds, et, à ce moment même, le hasard voulut que le roi l'appelât pour avoir de l'eau. Elle courut la lui porter sans ôter les souliers, car elle était bien loin de penser que le roi voulût jamais l'épouser, elle qui était sa fille. Le roi, en la voyant ainsi, lui dit : « Je veux faire de toi ma femme, puisque les souliers te sont justes, et que ta mère m'a recommandé, à l'heure de la mort, de n'épouser que la femme ou la fille qu'ils chausseraient parfaitement.

– Tu veux me prendre pour épouse, répondit la fille ; c'est bien, mais j'exige d'abord que tu me fasses fabriquer deux grands chandeliers, aussi hauts que moi et très larges, et qui ferment à vis. »

Le roi en fit aussitôt la commande, et, deux ou trois jours après, il les porta chez sa fille, qui, restée seule, se cacha dans l'un d'eux. Le roi ensuite revint la chercher pour la cérémonie du mariage[30], mais il ne la trouva nulle part, car il ne s'imaginait guère qu'elle pût être cachée dans un chandelier. Dépité de n'avoir pu épouser sa fille, il fait venir un crieur et lui dit : « Prends ces chandeliers et va-t'en les vendre, car je ne veux plus les voir ; l'argent que tu en retireras sera pour toi. »

Le crieur s'en alla dans une autre ville pour vendre les chandeliers. En passant, il vit un jeune prince, qui était à la fenêtre, d'où il s'amusait à regarder dans la rue, et qui lui demanda combien il voulait de ses chandeliers. « Ce que ta Seigneurie en donnera. » Il lui jeta une poignée de sequins, prit les chandeliers et les fit porter dans la chambre où il couchait.

Or, ce jeune homme était fiancé avec une princesse[31], et il avait coutume de manger la nuit, lorsqu'il se réveillait ; pour cela on lui apportait un seul plat, mais contenant des mets de toute sorte. Cette nuit-là, tandis qu'il dormait, notre jeune fille sortit du chandelier, elle goûta à tous les mets qui étaient là, et, son repas fini, elle se lava les mains, alla frotter celles du prince, puis rentra dans son chandelier. Le prince, s'étant réveillé, se disposa à manger, mais il remarqua qu'on avait touché à tous les mets, il vit aussi l'eau où elle s'était savonné les mains.

Le matin, il dit à ses domestiques : « Le plat que vous m'avez apporté, est-ce vous qui y avez touché, ou bien quelque chat, qui sera entré dans la chambre ? – Non, répondirent-ils, il n'est entré aucun chat, et nous sommes surpris de la question que tu nous adresses. — Faites donc attention, reprit-il, car il peut bien se faire qu'un chat entre à votre insu. » Mais, la nuit suivante, à son réveil, il trouva de nouveau le plat entamé.

---

[30] Litt. : pour mettre la couronne. Il s'agit de la couronne, de diverses formes et de diverses matières, qui, dans le mariage selon le rite oriental, est placée à un certain moment sur la tête des deux époux.

[31] Fille de roi. Les mots *princesse* et *prince* n'existent pas en albanais.

Ne sachant ce que cela voulait dire, la troisième nuit, il resta éveillé, tout en feignant de dormir. La jeune fille sortit du chandelier, elle alla manger, et ensuite s'approcha du prince pour lui frotter la main, quand, se levant, il lui dit : « C'est donc toi qui goûtes à mon souper ? Bien que je sois déjà fiancé, je veux te prendre pour ma femme, parce que tu es belle. » Et il l'épousa sans faire de noces.

Plus tard, se trouvant obligé d'aller en guerre, il dit à sa femme : « Je pars pour la guerre ; toi, pendant mon absence, reste dans cette chambre et garde-toi bien d'en sortir ; quand je reviendrai, dans un an, que je te retrouve ici ! En m'en allant, je vais commander à mes serviteurs de t'apporter à manger et de te donner tout ce que tu pourras désirer, mais il faut que tu restes cachée dans le chandelier et que personne ne te voie. » Cela dit, il partit.

Un jour, la belle-mère du prince, celle dont la fille lui était promise, vint visiter sa chambre. En y entrant, elle trouva la jeune fille, qui avait négligé d'en fermer la porte, et lui dit : « Que fais-tu ici chez mon gendre[32] ? » Puis, dans sa colère, elle ordonna aux domestiques de l'emmener et de la jeter dans quelque lieu rempli d'orties, afin qu'elle eût tout le corps piqué et enflammé, tellement qu'elle ne pût sortir de là et mourût sur la place.

En ce lieu vint d'aventure une vieille, qui voulait cueillir des orties pour en faire un plat. « Que fais-tu ici ? demanda-t-elle à la jeune femme. — Mes ennemis, répondit-elle, m'ont jetée ici pour m'y faire mourir ; je t'en conjure, emmène-moi chez toi, et je te servirai, car tu es vieille. — Je ne saurais te prendre chez moi, pauvre comme je suis. — Qu'importe, là où tu vis, je pourrai bien vivre aussi. »

---

[32] *Gendre.* Dans les pays grecs, les fiançailles forment déjà un lien très étroit, et dès qu'elles ont eu lieu, les membres des deux familles alliées se donnent les titres, indiquant la parenté qui résulte de cette alliance. Souvent, même le *gendre* demeure dans la famille de sa fiancée.

Le temps s'écoula, et le prince revint de la guerre. Il attend que sa femme sorte du chandelier, mais elle n'y était plus. Cette perte l'affligea tellement qu'il en tomba malade ; dans sa maladie, l'envie lui vint de manger un plat de légumes, et il envoya crier par toute la ville l'ordre de lui en apporter.

C'est ce que firent quelques personnes, et, entre autres la vieille ; mais les herbes qu'elle apportait avaient été hachées par la jeune femme, qui avait aussi glissé dedans son anneau de mariage.

Le prince, s'étant mis à manger, le trouva et le reconnut aussitôt. « Je veux aller te voir demain, dit-il à la vieille. – Comme il plaira à ta Seigneurie, répondit-elle, mais ma maison n'est pas faite pour toi, car je suis pauvre. »

Dès qu'il arriva, le lendemain, il se mit à fureter partout, afin de trouver celle qu'il cherchait. Voyant une huche qui était appuyée au mur : « Qu'y a-t-il là dessous ? demanda-t-il à la vieille. – Ce sont, mon fils, des poussins à peine éclos ; je t'en prie, fais bien attention pour ne pas les écraser. – Non, fit-il, mais je veux au moins les voir. »

Il tire la huche, la jette sens dessus dessous, et aperçoit sa femme. « Toi, ici ? lui dit-il, ne t'avais-je pas recommandé d'être sur tes gardes et de ne pas sortir ? »

Alors elle lui raconta tout ce qui s'était passé. « Ta belle-mère, dit-elle, m'avait fait jeter au milieu des orties ; c'est là que m'a trouvée cette vieille, qui m'a amenée à sa maison, et m'a servi de père et de mère. Les herbes qu'elle t'a portées, selon l'ordre que tu avais publié, c'est moi qui les avais hachées, et qui y avais aussi mis mon anneau. Mais, je t'en supplie, sois généreux envers cette vieille, car elle m'a sauvé la vie. » Le prince donc donna deux bourses[33] à la vieille, et emmena sa femme.

Rentré chez lui, il fit appeler sa belle-mère et lui dit : « En punition de ce que tu as fait à ma femme, je retire

---

[33] Bourse, somme de cinq cents piastres turques, ou, selon le cours officiel, d'aujourd'hui, environ 110 francs.

dès à présent ma promesse de mariage avec ta fille[34] et je ne t'épouserai pas. » Et il déclara publiquement son mariage avec la princesse.

RAPPROCHEMENT

Les traits principaux se trouvent épars dans les n° 19, 20 avec sa variante, et 27, H. Le dernier, court et sec, offre un mélange encore plus prononcé des histoires confondues de Peau d'âne et de Cendrillon. Les souliers manquent, au début ; en revanche, il y a une visite du roi à l'*évêque*, auquel il demande, ayant en vue sa fille, « s'il convient de manger soi-même un agneau qu'on a élevé, ou de le laisser manger à un autre. » Après qu'elle s'est échappée, on la retrouve sous une peau de bête ; elle va à la danse et perd un soulier, etc.

Dans une variante de Smyrne, les souliers sont remplacés par une bague faite aussi sur l'ordre de la reine mourante. Ici, comme au n° 37, la demoiselle, sortant de sa cachette, *sale* à l'excès les mets du prince et se trahit ainsi.

La variante la plus intéressante est celle qu'offre le n° 40. La jeune fille est née avec un laurier et habite dedans, « souvenir et souvenir unique, dit Hahn, des Hamadryades ». Surprise par le prince, elle cède à ses désirs, et le laurier refuse de la recevoir, parce qu'elle n'est plus pure. Après diverses péripéties, le prince l'épouse.

L'histoire de belle-mère jalouse a son pendant, assez absurde, au n° 19. Un prince achète une fille (échappée à une sorte de monstre appelé *Tête de chien*), qu'on vendait dans une cage. Il porte cette cage dans sa chambre, et la recommande à sa mère, en partant pour un voyage qui doit durer trois ans. Pendant son absence, la mère d'une fille qui lui était promise, vient chez lui et aperçoit là la cage, qu'elle persuade à la mère du prince de suspendre à la fumée de la cheminée. Cependant, à son retour, il trouve la jeune fille rendue encore plus belle par

---

[34] Littéralement, et si le mot existait : Ta fille, je la *défiance* ; je romps mes fiançailles avec elle.

la fumée. Il rompt avec sa première fiancée, etc. Le conte a une autre fin.

Nombreuses variantes dans les contes européens.

LA FILLE
PROMISE AU SOLEIL

Il était, il n'était pas, il était une reine qui n'avait pas d'enfants, et elle ne faisait que prier Dieu[35] et le Soleil, les suppliant de lui en accorder un, ne fût-ce qu'une fille ; quand celle-ci aurait douze ans, ajoutait-elle, le Soleil n'aurait qu'à la reprendre.

La reine enfin mit au monde une fille, laquelle allait à l'école tous les jours. Une fois, comme elle s'y rendait, le Soleil lui dit : « Rappelle à ta mère de me donner ce qu'elle m'a promis. » Elle vint rapporter à sa mère ce que lui avait dit le Soleil. « Eh bien, réponds-lui que c'est encore trop jeune. » Et elle répéta ces paroles au Soleil.

Le jour qu'elle accomplit sa douzième année, pendant qu'elle allait à l'école, le Soleil l'enleva et la porta à sa maison. La mère cependant attendait sa fille, mais, ne la voyant pas revenir, elle comprit que le Soleil l'avait ravie, selon ce qu'il avait annoncé. Alors elle fit peindre toute la maison en noir[36], en condamna la porte, et elle ne l'ouvrait jamais, demeurant toute seule et ne faisant que gémir et se lamenter.

Le Soleil avait chez lui, entre autres, une lamie. Celle-ci, flairant la jeune fille, dit : « Je sens la chair de roi. — C'est ma fille, répliqua le Soleil, ainsi ne la touche pas. »

---

[35] *Dieu*. Mot ajouté à tort, car il ne reparaît plus dans la suite du texte.

[36] Usage mentionné souvent dans les contes grecs. Au moins ai-je vu, en cas de deuil, teindre de noir les rideaux, divans, portraits, etc. De plus, les veuves et les mères, celles surtout qui ont perdu un fils, restent claquemurées chez elles pendant des années, les plus dévotes même ne sortent pas pour aller à l'église.

Un jour il l'envoya dans le jardin prendre un chou, et, comme elle le coupait : « De même que ce chou craque, se mit-elle à dire, ainsi mon cœur se fend à la pensée de ma mère. » Et elle fondit en larmes. Le Soleil, qui s'en aperçut, lui demanda : « Qu'as-tu à pleurer ? Regretterais-tu ta mère ? — À en mourir, répondit-elle. — Si tu veux aller chez toi, appelle des animaux pour qu'ils t'y portent. »

Elle avait appelé quelques animaux ; le Soleil, de son côté, fit venir la lamie et lui dit : « Si tu portes cette fille et que tu aies faim en route, que mangeras-tu ? — Elle-même. — Si tu as soif, que boiras-tu ? — Son sang. » Et, comme il vit qu'il n'y avait pas à compter sur la lamie, il engagea la jeune fille à appeler quelque autre bête.

Elle appela le cerf, auquel le Soleil demanda : « Veux-tu porter cette fille chez elle ?

– Volontiers. – Si tu as faim en route, que mangeras-tu ? – De l'herbe verte. – Si tu as soif, que boiras-tu ? – De l'eau fraîche ; seulement, quand nous serons arrivés, que sa mère me donne trois ocques[37] de foin. »

Le cerf prit la jeune fille et la chargea sur sa ramure. Chemin faisant, il eut faim, et il dit à la jeune fille : « Monte sur cet arbre, et, s'il passe quelqu'un qui t'engage à descendre, garde-t'en bien, avant que je sois de retour. » Et elle grimpa, en effet, sur l'arbre.

Vint à passer une lamie qui, en regardant de ci et de là aperçut la fillette et la pressa de descendre pour jaser ensemble. « Je ne descends pas, j'ai peur que tu ne me manges.

– Je ne te mangerai pas. – Eh bien, va-t'en chez toi, et repasse plus tard. » La lamie s'éloigna, et la jeune fille, quand elle vit le cerf arriver : « Dépêche-toi », lui cria-t-elle, car voilà une lamie qui vient pour me manger. Elle remonta sur le cerf, qui partit au galop, et à chaque personne qui passait, il lui disait : « Si tu rencontres une la-

---

[37] *Ocques, oka,* poids turc d'un kilogramme et un quart environ.

mie, ne nous trahis pas, mais dis-lui que le cerf avec la jeune fille ont pris une autre route. »

Arrivés à la maison de la reine, ils se mirent à heurter la porte, mais en vain ; elle restait fermée. Alors, tout en frappant : « Mère, cria la jeune fille, ouvre, c'est moi, c'est ta fille qui revient. » La mère finit par ouvrir, et, en voyant sa fille, elle ne se sentit pas de joie.

Les filles du quartier, ayant appris qu'elle était de retour, s'en vinrent chez la reine et lui dirent : « Laisse-la venir avec nous, se promener et se divertir » — et elle le lui permit. Toutes ensemble, elles se dirigèrent vers un jardin, qui avait une grande porte, laquelle ne voulait pas s'ouvrir. Mais à peine la fille de la reine l'eut-elle touchée à son tour, qu'elle s'ouvrit tout de grand, et, dès que la princesse fut entrée, emportée par l'élan qu'elle avait pris, la porte aussi se referma derrière elle. Ses compagnes demeurèrent là à l'attendre, mais, voyant qu'elle ne revenait pas, et que la porte restait fermée, elles s'en revinrent toutes désolées raconter à la mère ce qui était arrivé. Et celle-ci retomba dans sa première affliction.

En s'avançant dans le jardin, la jeune fille y trouva des hommes et des animaux, qui avaient été changés en pierre. Dans le nombre, il y avait un roi, qui tenait à la main un papier, sur lequel elle lut ce qui suit : la femme qui sera capable de passer sans dormir trois jours, trois nuits et trois semaines, je l'épouserai, car alors je ressusciterai. Et elle commença à se priver de sommeil, prenant des livres et lisant.

Les trois nuits, les trois jours et deux semaines étaient déjà écoulés, quand il passa par là un homme qui vendait des esclaves. Elle mit la tête à la fenêtre et lui demanda combien il voulait pour une servante. « Ce qu'il te plaira de me donner », fit-il. Et jetant au marchand une pelletée de sequins, elle fit descendre une corde, à laquelle l'esclave s'étant attachée, elle la guinda jusqu'à elle. Alors elle lui dit : « Il faut que tu veilles pendant deux ou trois nuits, afin que je puisse dormir un peu, car voilà longtemps que je me prive de sommeil, à cause de la promesse contenue dans le papier que tient le roi, et,

quand le roi ressuscitera, je t'ordonne de me réveiller »,
— et, après lui avoir raconté tout au long ce qu'il y avait
dans ce papier, elle se coucha et s'endormit. Mais
l'esclave se hâta de lui ôter ses habits et de s'en revêtir
elle-même, afin, quand le roi ressusciterait, de se faire
épouser par lui.

Les trois semaines écoulées, le roi revint à la vie.
« Qui es-tu ? demanda-t-il à l'esclave.

— Voilà, répondit-elle, trois jours, trois nuits et trois
semaines que je reste sans sommeil. » Et il l'épousa. Ensuite il demanda qui était cette femme qui dormait.

« C'est, fit-elle, une esclave que j'ai achetée, parce que
j'avais peur toute seule. » Quand celle-ci se réveilla, le roi
dit à sa femme : « Qu'allons-nous faire de cette esclave ?
— Envoyez-moi garder les oies », dit la princesse, qui
l'avait entendu – et on lui fit une hutte pour sa demeure.

Là elle ne faisait que pleurer, en énumérant un à un
tous ses malheurs. Le roi, l'ayant entendue deux ou trois
fois se lamenter de cette manière, s'approcha et lui demanda ce qu'elle avait à pleurer, et elle lui fit le récit de
tout ce qui lui était arrivé. Alors le roi la prit pour sa
femme, et, quant à l'esclave, il la tailla en mille morceaux ; le plus grand n'était pas plus gros que cela.

RAPPROCHEMENT

Ce conte est formé de deux histoires distinctes.

Le n° 41, H., répond, avec plus de développement, à la
première partie, jusqu'au retour de chez le Soleil, qui là appa-
raît comme un grand personnage. La fille s'appelle Letiko (dans
une variante du n° 12, Ηλιοντάρα, Héliodora, ou donnée par le
soleil, nom dont le second élément est slave). Elle est d'abord
ravie par un rayon qu'envoie le soleil, qui pénètre par le trou de
la serrure et rapporte Letiko à son maître. Ce sont deux lièvres
qui la ramènent chez elle. Cependant, à la fin, il n'y en a plus
qu'un, et, pour récompense, la mère lui argente la queue.

La deuxième parue se trouve au n° 12, qui commence comme la boucle d'or (notre n° 8), et finit ensuite d'une manière toute différente.

Après que le prince pétrifié, et ranimé exactement de la même manière, a épousé la Tzigane (au lieu de l'esclave), et qu'il a fait de la jeune fille une cardeuse d'oies, il part en guerre et rapporte à celle-ci trois objets qu'elle avait demandés ; ces objets donnent lieu à une scène pendant laquelle elle raconte ses malheurs ; le prince, qui l'entend, la sauve du couteau, un de ces objets, qui allait l'égorger, l'épouse et met la Tzigane à garder les oies.

Cette même seconde partie a son pendant dans le *Pentamerone*, mais bien plus développé et tout autrement important, puisqu'il sert de cadre à tout l'ouvrage. Là, le prince enchanté est couché dans un cercueil de marbre, et ce n'est plus par une privation de sommeil prolongée que la personne qui voudra le ranimer y réussira, mais en remplissant de ses larmes une cruche tout entière. Loza, qui est aussi supplantée, durant l'épreuve, par une esclave noire, y était poussée par l'irrésistible malédiction d'une vieille.

Nombreuses répétitions de ce souhait, tendant à la naissance d'un enfant, avec promesse de restitution postérieure, souhait adressé tantôt au Soleil, comme ici et H., 141 ; au diable, n° 54, où Jésus sert à le sauver ; à un dragon, H., n° 5 et 4, variante I, etc. — Hahn, formule 8.

Plus d'une fois l'enfant naît, conformément d'ailleurs au vœu des parents, sous la forme d'un animal. H., nos 14, 43, 57, et 100 (albanais). — Formule 7.

C'est dans notre conte seulement que l'être surnaturel, le Soleil, qui a procuré la naissance de l'enfant, est de si bonne composition et le rend volontairement à sa mère.

Partout ailleurs c'est à force de ruses, et à la suite de nombreuses péripéties, que sa proie lui est définitivement arrachée.

La substitution frauduleuse, et qui d'ailleurs ne réussit que pour un temps, d'un serviteur à son maître, est un ressort favori des contes. H., formule 21.

LA BOUCLE D'OR

Il était un roi jeune, et qui avait grande envie de se marier, mais il ne voulait que d'une fille d'une beauté accomplie. Il possédait un oiseau, qu'il envoyait dans le jardin d'une femme, qui était riche et avait de plus trois filles. Chaque matin l'oiseau venait dans le jardin et disait à cette femme : « Marie ta fille aînée, marie aussi la seconde ; mais, pour la troisième, ne la marie pas[38]. »

À la fin, voyant que l'oiseau revenait tous les jours et répétait les mêmes paroles, la mère s'en alla trouver une voisine, et lui conta ce qui se passait. « Et toi, demanda la voisine, que réponds-tu à l'oiseau, quand il t'engage à ne pas marier ta fille cadette ?

– Rien du tout. – Eh bien, demande-lui ce que tu dois faire d'elle. »

Le lendemain, l'oiseau vint encore, selon sa coutume, et la mère le questionna. « Envoie, répliqua-t-il, ta fille sur la montagne, avec une servante, car le roi doit y aller afin de la prendre pour sa femme. » Et la mère la fit partir en compagnie d'une servante ; elles devaient attendre la venue du roi, selon la promesse de l'oiseau.

Mais la servante, que fit-elle ? Quand, de la montagne, on vit au loin le roi qui arrivait, elle poussa rudement la jeune fille qui, du choc qu'elle reçut, dévala en roulant vers le bas de la pente, et finit par tomber dans un puits.

Ce puits appartenait à une reine et cette reine était une négresse, car là se trouvait une ville habitée par des nègres et des négresses, qui étaient fort riches.

---

[38] J'omets à dessein ce passage du texte, « ces filles brodaient au métier », qui appartient évidemment à quelque autre récit.

En tombant dans le puits, la jeune fille ne s'y noya point ; il y avait sur un des côtés un enfoncement où elle se réfugia. La négresse à qui appartenait le puits envoya une esclave pour puiser de l'eau, mais, quand celle-ci voulut remonter le seau, elle n'y put réussir ; la jeune fille s'y était accrochée et ne le lâchait pas. Elle laissa donc aller la corde et courut à la maison dire à sa maîtresse qu'il y avait dans le puits une fille blanche, qui l'empêchait de retirer son seau.

Arrive la maîtresse, qui demande à la jeune fille, qui elle était et ce qu'elle faisait là dans le puits. « Je te conjure, répondit-elle, de retirer le seau tout doucement, et, quand je serai dehors, je te raconterai comment il se fait que je me trouve ici. » La négresse la fit sortir et l'emmena à sa maison, où la jeune fille lui fit le récit de ses aventures. Comme elle était blanche et, de plus, très belle, la négresse la prit en amitié, et elle lui remit les clés des coffres, des armoires et des placards.

Le roi cependant se maria avec cette servante qu'il avait trouvée dans la montagne, mais ce qui lui causait un étonnement dont il ne revenait pas, c'est qu'elle était loin d'être aussi belle que l'oiseau le lui avait assuré. Au bout de deux ou trois ans, l'ancienne servante devint grosse, et elle eut envie d'une boucle d'or[39]. Le roi, ayant réuni toutes les pièces d'or qu'il possédait, fit venir les orfèvres et leur dit : « Examinez ces sequins et dites-moi s'ils suffisent ou non, pour faire une boucle. » Ils répondirent qu'il n'y en avait pas assez, et le roi se mit à aller de ville en ville, pour ramasser des pièces d'or, mais on refusait de lui en donner.

À la fin, il arriva dans cette ville, dont les habitants étaient si riches. Il pria la négresse, qu'il savait être dans l'opulence, de lui abandonner quelques sequins, et elle appela la blanche, à qui elle dit : « Va trouver ma For-

---

[39] Il s'agit ici de ces grosses boucles de métal, composées de deux pièces semblables, et qui servent à attacher, en guise d'agrafes, la ceinture ou le tablier des paysannes ; elles sont le plus souvent en laiton.

tune[40], mais d'abord fais pour elle un gâteau, et, quand tu le lui offriras, demande-lui quelques pièces d'or. »

Le roi, voyant la jeune fille, questionna la négresse, pour savoir d'où lui venait cette femme blanche. « Voilà, répondit-elle, elle était allée dans la montagne en compagnie d'une servante, parce qu'elle attendait là un roi qui devait l'épouser, mais la servante, d'un coup qu'elle lui donna, la fit tomber dans mon puits, si bien qu'au lieu d'elle, c'est la servante que le roi a prise. »

Cependant la jeune fille revint avec un lingot d'or tout entier, et le roi lui dit : « D'après ce que j'ai appris, c'est toi qui devrais être ma femme, et je veux t'épouser. »

Il pria donc la négresse de la lui abandonner, et elle y consentit. Ils s'en retournèrent ensemble, et, par ordre du roi, la servante fut coupée en morceaux.

RAPPROCHEMENT

Au n⁰ 12, H., qui, nous l'avons dit à la page précédente, commence comme le présent conte, l'oiseau vient, spontanément à ce qu'il semble, prédire à la fille d'un homme riche, laquelle avait coutume de broder à la fenêtre, « qu'elle ne trouverait à épouser qu'un mort ». Ce mort est le prince, que plus tard elle ressuscite.

---

[40] Fortune, en turc bakht, espèce de génie protecteur.

LE SERPENT RECONNAISSANT

ET

LA PIERRE MERVEILLEUSE

Il était une vieille, qui avait un fils, et tous deux étaient fort pauvres. Le garçon allait chercher du bois à la forêt avec un âne, et l'argent qu'ils tiraient de la vente du bois les faisait vivre.

Un jour qu'il était ainsi dans la forêt à couper du bois, il aperçut un serpent, à qui la tête d'un chevreau, qu'il venait de dévorer, était restée dans le gosier. Il se démenait tellement pour la faire passer, que le garçon se dit : « Allons voir si je ne pourrais pas lui retirer cette tête, car il me fait peine » — et en effet il en débarrassa le serpent. Celui-ci alors lui dit : « Tu es mon bienfaiteur, suis-moi à la maison afin que mon père te récompense du service que tu m'as rendu ; mais, s'il te demande ce que tu souhaites, réponds que tu ne veux autre chose que ce qu'il a sous la langue. »

Ils s'en allèrent de compagnie, et, en arrivant au logis, le serpent dit à son père : « Ce garçon m'a sauvé la vie, car sans lui j'allais être étouffé par la tête d'un chevreau que j'avais mangé et qui m'était restée dans la gorge ; je te prie donc de lui donner ce qu'il te demandera.

– Que veux-tu ? lui dit le père. – Rien autre chose que ce que tu as sous la langue.

– Cela, je ne puis te le donner ; mais, si tu souhaites quelque autre chose, tu l'obtiendras. – C'est la seule chose que je désire, reprit le garçon ; si tu me le donnes, bien, sinon je m'en vais. » Et finalement il partit.

Lui sorti, le jeune serpent dit à son père : « Si tu refuses de lui donner ce qu'il t'a demandé, je m'en irai moi aussi. — Fais comme tu voudras, reste si cela te plaît, va-t'en si cela te plaît ; une fois pour toutes, je ne donne pas ce qu'il m'a demandé. » Son épouse alors vint et lui dit : « Moi aussi, je te quitte, si tu ne satisfais pas ce garçon. »

Quand le père entendit son épouse le menacer aussi de le quitter, il finit par lui remettre l'objet dont nous avons parlé, en lui disant : « Tiens, porte-le-lui, mais ramène notre fils. » Elle sortit en hâte et, après avoir remis au garçon ce que son mari lui donnait, elle revint avec son fils.

Ce garçon, tout en retournant vers la forêt pour y reprendre son âne, pensait en lui-même : « Pourquoi me suis-je laissé enjôler et, au lieu d'accepter ce que celui-là m'offrait, ai-je été prendre cette pierre qui ne vaut pas un liard ? » Vers les dix heures de l'après-midi, comme il répétait ces mots, il frotta sans y penser la pierre[41], et soudain il parut devant lui un nègre, qui lui dit : « Veux-tu que je te donne quelque chose ? Veux-tu du pain ? — Donne-moi du pain », et il mangea. « Veux-tu encore, reprit le noir, un cheval pour retourner chez toi, car tu t'es fort attardé en route ? — Volontiers. » Le nègre lui donna le cheval, et il continua son chemin, sans oublier de prendre avec lui la pierre.

En le voyant arriver, sa mère lui dit : « Qu'es-tu devenu, mon fils ? Je t'avais envoyé chercher du bois, et tu reviens à vide ; et ce cheval, où l'as-tu trouvé ? » Alors il raconta son aventure, puis il dit à sa mère : « Va trouver le roi, et demande-lui sa fille en mariage pour moi. »

La vieille y alla, et le roi, à la proposition qu'elle lui fit, éclata de rire. « Oui da, dit-il, je donnerai ma fille à

---

[41] On m'a montré dernièrement, à Chypre, une pierre tout aussi merveilleuse que celle-là. Elle forme aussi le chaton d'une bague, qui appartient à une dame élevée en Europe, et des *témoins oculaires*, qui ne manquent pas non plus d'éducation, m'ont assuré fermement qu'elle avait sauvé la vie à plusieurs centaines de personnes, piquées par des serpents. Pour cela, il suffit de tremper la bague dans l'eau, et de laisser tomber un peu de cette eau sur la plaie. Et ce n'est pas la foi qui sauve ! puisque le même effet se produit sur des bœufs, des chiens, etc.

ton fils, mais à la condition qu'il bâtira pour elle un palais pareil au mien ; sinon, je lui fais couper la tête. »

Le garçon prit sa pierre, la frotta, et aussitôt parut le noir, auquel il dit : « Je t'ordonne de me construire un palais pareil à celui du roi d'ici à quarante jours, parce que je dois épouser sa fille ; si le palais n'est pas achevé au bout de ce temps, il me fera couper la tête. — Sois sans crainte, répondit le noir, je m'en charge. »

Vingt-cinq jours s'étant écoulés, il frotta de nouveau la pierre, et, à la vue du noir, il lui dit : « Voilà déjà vingt-cinq jours de passés, il n'en reste plus que quinze sur les quarante, n'as-tu donc pas l'intention de te mettre à l'ouvrage puisqu'il s'agit d'un palais, et que cela exigera beaucoup de temps ? » Et le nègre lui répéta ce qu'il lui avait dit la première fois.

Le trente-neuvième jour, il l'appela de nouveau et lui dit : « Voilà comme tu m'as trompé ? Le palais n'est même pas commencé, et le roi va me faire couper la tête.

— Tu le verras prêt demain à l'aube, répondit le nègre, ainsi dors sur les deux oreilles. » Et vraiment au point du jour il était achevé. Le jeune homme envoya prévenir le roi, qu'il pouvait venir le visiter. Le roi mit la tête à la fenêtre, et, s'étant assuré que le palais était bien pareil au sien, il accorda décidément sa fille.

Parmi les gens qui assistaient à la noce, se trouvait un juif, qui n'en revenait pas d'étonnement et se disait à part lui : « Voilà un garçon qui naguère encore n'avait pas de pain à manger et qui coupait du bois pour vivre, et aujourd'hui il épouse la fille du roi ! »

Que fit-il ? Il alla se cacher dans le cabinet[42] où les mariés devaient passer la nuit et où étaient leurs hardes ;

---

[42] *Cabinet.* Le mot turc désigne un compartiment qui s'ouvre dans la cloison de bois d'une chambre, et où sont entassés pêle-mêle les objets de literie. On les retire chaque soir, et étendus sur le sol, ils forment la couche des gens de la maison, comme on le voit dans la première scène des *Nuées* d'Aristophane. Maîtres, enfants et domestiques couchent souvent ainsi les uns à côté des autres. Ce sont des greniers à insectes.

il voulait les épier et s'assurer de l'endroit où l'autre tenait tous ces trésors.

Quand ils furent entrés, le jeune homme tira de son doigt la bague où était enchâssée la pierre et la mit dans un coffre, puis les époux se couchèrent. Sur le minuit, le juif, les voyant endormis, alla ouvrir le coffre, s'empara de la bague et se dépêcha de la frotter. Au nègre, quand il parut, il dit : « Prends cet homme, jette-le devant la porte du roi, tout nu, et transporte le palais, tel qu'il est, au bord de la mer. » Le nègre exécuta cet ordre.

Le matin, en se levant, le roi vit son gendre en cet état devant la porte. « Que fais-tu ici ? lui dit-il ; qu'est devenue ma fille ? Si tu ne la retrouves pas, je te ferai couper la tête » — et il commanda qu'on le jetât en prison.

Un jour, comme il était là, passe un homme qui vendait des chats, et le prisonnier lui demanda combien il voulait pour un de ces animaux. « Ce qu'il te plaira », fit l'autre ; et, ayant donné je ne sais combien, il prit le chat. Alors il se mit à le nourrir si bien, que le chat devint énorme, grand comme un agneau.

À force de gratter avec ses griffes, il creusa, dans le lieu où ils dormaient, un passage souterrain ; tous deux s'y engagèrent, le chat et son maître, et ils sortirent, à peu de distance de la mer, dans un endroit où il y avait quantité de souris. Le chat dit à ces souris : « Si vous ne savez pas me trouver, dans ce palais qui est au bord de la mer, un anneau où est enchâssée une pierre, je vous croquerai toutes jusqu'à la dernière. »

Une des souris entra dans le palais pendant la nuit, mais elle eut beau chercher partout, elle ne découvrit rien. À la fin, que fit-elle ? Elle fourra sa queue dans les narines du juif qui dormait, et le fit éternuer de telle façon, que l'anneau lui sortit de la bouche. Et la souris de s'en emparer et de le porter au chat qui le remit à son maître.

Celui-ci n'a pas plus tôt l'anneau en main, qu'il le frotte, et dit au nègre : « Reporte ce palais dans le lieu où il était d'abord, et occis le juif. » Le nègre fit ce qui lui était commandé, le jeune homme reprit sa femme, et ils passèrent le reste de leur vie ensemble.

RAPPROCHEMENT

Voyez la préface.

Je cite ici le conte chypriote, en l'abrégeant beaucoup, car il est fort long et rempli de détails, lesquels pourtant ne manquent pas d'intérêt. Il est d'ailleurs presque identique au nº 9, H.

Un garçon pauvre, dont c'était le métier d'arracher de la sarriette[43] et de la vendre en ville, vend, trois jours de suite, le produit de sa récolte pour 60 paras, et, chaque jour aussi, il rachète, au moyen de ces 60 paras, un animal : un serpent, un chien et un chat, de la main d'enfants qui se disposaient à les tuer.

Après être resté quelque temps enfermé dans un pot, le serpent invite le garçon à le reconduire à sa maison et dans sa nombreuse famille, dans laquelle il y a des serpents à plusieurs têtes. Il obtient en récompense, et après les difficultés ordinaires, la bague merveilleuse.

Il la troque d'abord avec un berger, et contre le *bâton* ; mais il n'a pas plus tôt ce gourdin en main, que celui-ci, sur l'ordre de son nouveau maître, assomme le berger et rapporte la bague. Plus loin, et par le même procédé, il obtient du lait de mouches.

Mariage du garçon avec la fille du roi, après qu'il a rempli, grâce à l'esclave noir de la bague, la condition d'édifier un palais en une nuit.

Fuite de sa femme, qui lui a dérobé sa bague, avec un esclave noir, et qui se fait construire un château au milieu de la mer.

En la cherchant, le mari arrive sur le rivage, en vue du château, que le chien atteint à la nage, en portant le chat sur son

---

[43] θρουμπιά (hell. θύμβρα). Ce trait est bien chypriote, car la sarriette couvre presque toutes les terres incultes de l'île, et nombre de paysans la coupent et vont la vendre en ville, à Larnaca par exemple, où elle sert à allumer le feu, à chauffer les fours, etc.

dos. Le chat s'adresse au roi des souris, et l'une de celles-ci, de sa queue trempée dans le poivre, fait sortir l'anneau de la bouche du nègre. L'anneau est perdu deux fois, puis retrouvé, la seconde fois dans le ventre d'un poisson, avant de rentrer définitivement dans les mains de son premier maître. Celui-ci ne fait d'ailleurs pas plus de difficultés que n'en fit Ménélas à l'égard d'Hélène, pour reprendre sa femme infidèle.

Ce *gourdin*, qui frappe au commandement de son possesseur, se trouve dans deux contes grecs, nº 15 et 31, dans le premier conte du *Pentamerone*, et au 36e de Grimm, qui en est la reproduction exacte, « La table, l'âne et le bâton merveilleux », p. 255 de la traduction de M. Baudry.

LE SERPENT RECONNAISSANT

ET

LA BOÎTE MERVEILLEUSE

Il était un pauvre homme, qui avait un fils, celui-ci, un jour, trouva un serpent que le froid avait transi, et le rapporta au logis.

En revenant à lui, le serpent dit au jeune homme : « Je n'ai pas ici de quoi reconnaître ce que tu as fait pour moi, mais mon père, chez qui tu vas m'accompagner, te demandera ce que tu désires, en récompense du service rendu à son fils. Réponds-lui que tu ne veux rien autre chose, qu'une certaine petite boîte[44] ; il y a dedans des cheveux, et, quand on la secoue, on obtient à l'instant tout ce qu'on souhaite. »

Les parents du serpent furent transportés de joie en revoyant leur fils, et le père dit au jeune homme : « Que veux-tu que je te donne, pour avoir sauvé la vie à mon enfant ? » Il demanda la petite boîte, dont le jeune serpent lui avait parlé. Le vieux en fut fort contrarié, car cette boîte lui était absolument indispensable. « Pour cela, répondit-il, je ne puis te le donner, mais demande-moi toute autre chose, et tu l'auras. »

Sur quoi le jeune homme se leva et partit. Le jeune serpent fit de même. En le voyant s'éloigner, la mère se prit à pleurer et elle dit à son mari : « Ne vaut-il pas mieux lui accorder ce qu'il demande que de perdre notre fils ? » Elle se dépêcha donc de le rattraper et, l'arrêtant, elle l'engagea à revenir avec elle, afin d'essayer ensemble de fléchir le père. Celui-ci, les voyant l'un et l'autre tout

---

[44] *Tabakiéra*, tabatière, mot pris de l'italien.

en larmes, finit par céder. Le jeune serpent courut après son sauveur, le ramena, et celui-ci, nanti de la boîte, reprit le chemin de sa maison.

Or, ces jours passés, le roi avait fait inviter, par tout le pays, les jeunes gens à se rassembler et à défiler sous les fenêtres de son palais : celui d'entre eux qui plairait à sa fille, elle devait lui jeter une pomme et le prendre pour époux.

Notre jeune homme ne manqua pas de se rendre à la réunion, mais, avant que d'arriver au lieu indiqué, il secoua la boîte et se procura ainsi[45] un superbe costume et un cheval blanc. Il laissa passer tous les autres, et ne s'avança que le dernier. De tous ceux qui le précédèrent il n'y en eut pas un seul qui agréât à la princesse, mais lui, elle lui jeta une pomme au passage. Le roi l'envoya inviter à monter auprès de lui, et on convint que les noces auraient lieu à quatre mois de là ; en attendant, le jeune homme, au bout de quelques jours, retourna chez lui.

Quand il vit approcher l'époque fixée pour le mariage, il secoua la boîte, afin de se procurer un palais. Le lendemain, les gens du pays s'écarquillaient les yeux et se demandaient les uns aux autres comment un aussi vaste palais avait pu être construit en quelques heures.

Le samedi soir, on partit pour aller chercher la fiancée[46]. Les noces furent magnifiques et les époux, après être restés quelques semaines auprès du roi, s'en revinrent chez eux.

Quelque temps après, le roi eut une guerre avec un autre roi, et, pour venir à bout de lui, il donna l'ordre de rassembler toute son armée ; puis il envoya quérir son

---

[45] Littéralement « il lui vint ». Voyez la [troisième] note du n° 2.

[46] Le futur et ses invités y vont en grande cérémonie, voyez le n° 24 et les poésies serbes ; j'ai connu à Jannina l'exemple d'une Albanaise musulmane de grande famille qui, ramenée ainsi, d'une distance de plusieurs jours de marche et par un cortège de plus de cent cavaliers, fut renvoyée le lendemain par le mari. En levant le voile, il avait trouvé une bossue, cas rédhibitoire.

gendre, auquel il en donna le commandement. La conquête du royaume voisin achevée, l'armée s'en revint. En approchant du palais, le gendre du roi quitta le beau cheval sur lequel il était monté, et en prit un boiteux. Le roi était allé au-devant des troupes, et, après qu'elles eurent défilé, son beau-fils fut le dernier qui parut, monté sur un cheval estropié[47].

Pendant que la guerre durait, le roi avait pris sa fille chez lui. Un beau jour il lui demanda comment elle vivait avec son mari. « Fort bien, répondit-elle, seulement nous n'avons ni serviteur, ni servante ; de quoi que nous ayons besoin, mon mari se le procure, rien qu'en secouant une certaine boîte qu'il possède. » Alors il engagea sa fille à trouver moyen de lui prendre cette boîte. « Je ne sais pas où il la cache », fit-elle.

Dans ce temps-là, les oiseaux et les bêtes parlaient. Le roi leur demanda comment il pourrait bien découvrir où son gendre tenait la boîte. « Je me charge de la trouver, répondit la souris ; seulement, quand vous irez vous coucher, il faudra laisser une lampe allumée. » Lorsque tout le monde fut couché et endormi, la souris, ayant plongé le bout de sa queue dans l'huile de la lampe, alla la fourrer dans le nez du gendre du roi, qui éternua si fort que la boîte tomba. La souris de s'en emparer et de courir. Mais, comme elle grimpait après un vaisseau, la boîte tomba dans la mer. Un chien qui se trouvait là, fit un plongeon, la retira de l'eau, et ils la portèrent au roi[48].

Le gendre, au moment où il éternua, avait senti tomber la boîte. Il se leva et, afin de la retrouver, persuadé comme il était que la souris l'avait emportée dans quelque trou, il mit tout sens dessus dessous dans le palais ; mais ce fut en vain. Sa boîte perdue, lui et sa femme

---

[47] Pourquoi ce cheval boiteux, dont il n'est plus question ensuite ? Quelques incidents auront été omis.

[48] Cet incident n'a que faire ici. Il appartient évidemment à une variante du même conte. Voyez [le] *Rapprochement*.

tombèrent dans la misère, alors le roi les envoya quérir, les prit auprès de lui et leur donna de quoi vivre[49].

RAPPROCHEMENT

Variante, pour partie, du précédent. Voyez aussi la préface.

Ce choix d'un prétendant par une princesse et cette manière de manifester sa préférence en lançant une pomme à celui qui en est l'objet, sont répétés au n° 14 de ce volume et au n° 6 (analysé plus bas, page 232) et 70, H. ; c'est dans le « monde inférieur », que la scène se passe.

---

[49] Au texte : *un lieu* pour vivre.

LE COFFRE MERVEILLEUX

Il y avait une fois un homme riche, qui avait un fils, auquel il ne refusait jamais rien de ce qu'il pouvait désirer. Étant venu à mourir, il le laissa maître de tout son bien, mais le jeune homme en fit mauvais usage ; et, au bout de peu de temps, il ne lui restait qu'une bague et un costume. Cette bague, il la vendit pour deux cents livres[50], et ensuite il s'en alla louer une chambre dans une auberge.

Un jour passa par là un juif, qui avait un coffre à vendre et qui criait : « Ce coffre vaut un denier ; qui l'achètera s'en repentira, et qui ne l'achètera point ne s'en repentira pas moins. » Il hésita d'abord, puis il finit par acheter le coffre, et dit à l'aubergiste de le garder, pour le lui remettre le soir. L'aubergiste fit comme il le demandait. Le soir venu, il soupa, et, comme il lui était resté un peu de pain, il ouvrit le coffre pour l'y serrer. À peine le couvercle était-il soulevé, qu'il apparut un petit nègre, tenant une longue pipe, qui lui dit : « C'est tout ce que tu as laissé pour moi ? » L'autre, pris d'épouvante, ne répondait pas. « Veux-tu que je t'en apporte encore ? reprit-il. – Non, je n'en ai pas besoin. »

Un jour qu'ils étaient assis dans le jardin, le nègre lui demanda : « Veux-tu que je t'apporte ce soir la fille du roi ? – Avec plaisir », fit-il. Et, le soir venu, le nègre, étant entré chez le roi, sans que personne s'en aperçût, enleva la princesse et l'apporta dans la chambre du jeune homme ; le matin, il la reporta au palais. Cela dura ainsi quelque temps, jusqu'à ce que la demoiselle devînt grosse, et il cessa de l'aller chercher.

---

[50] *Livre*, pièce d'or turque valant un peu moins de 23 francs.

Le roi qui s'aperçut de l'état de sa fille lui demanda qui l'y avait mise. « J'ignore, répondit-elle, quel homme c'était ; tout ce que je sais, c'est que chaque soir un nègre m'enlevait et que le lendemain il me rapportait dans ma chambre. – Eh bien, reprit le père, la première fois qu'il viendra te chercher, enduis ta main de la couleur que voici, et fais une marque à la porte de la maison où on t'introduira. » La princesse fit bien ce que son père lui avait recommandé, mais le nègre devina de quoi il retournait, et il fit la même marque à toutes les portes.

Le roi, voyant qu'il ne pouvait le prendre, s'avisa d'un autre expédient. Remettant à sa fille un verre rempli d'eau-de-vie, il lui dit de le verser sur l'homme avec qui elle dormirait. Et elle ne manqua pas de le faire.

Le lendemain, le roi fit proclamer ce qui suit par le crieur : « Il est permis à tous, grands et petits, d'aller se baigner demain au bain public, sans rien payer. » Tout le monde s'empressa d'y aller, et notre jeune homme avec les autres.

Dès l'entrée, on le reconnut à l'odeur qu'exhalaient ses habits ; il fut appréhendé et on le mena hors de la ville pour le pendre. Le nègre apprit ce qui se passait ; vite, il court sur le lieu et s'arrache un poil de la barbe. Ce poil se change aussitôt en un firman[51], qui ordonnait à un certain colonel[52] de ne pas pendre le jeune homme, mais bien les gens qui l'accompagnaient. Et le colonel se conforma à l'ordre.

Cela fait, il se rendit chez le roi, qui lui demanda s'il avait fait pendre le jeune homme. « Non, répondit-il, mais ceux qui m'accompagnaient. – Qu'as-tu fait ? Jamais je n'ai donné un pareil ordre. » Alors le colonel, tirant de sa poche le firman, le lui montra.

Le roi demeura stupéfait, puis il envoya quérir le nègre et lui demanda : « Comment as-tu osé faire une

---

[51] *Firman,* ordre écrit émané du roi.
[52] *Colonel,* en Turc *mir-alaï.*

pareille chose ? — C'est toi qui veux pendre mon fils, répondit le nègre, ne sais-tu pas que j'ai le pouvoir de t'anéantir, toi et ton royaume avec ? — Ce n'est pas de cela que je voulais te parler, reprit le roi, mais on m'a rapporté que tu étais doué d'une force irrésistible ; j'ai dessein de t'envoyer dans un certain pays, dont je n'ai pu encore faire la conquête. Veux-tu y aller, oui ou non ? — J'irai, mais j'ai besoin de cinq vaisseaux, de trente hommes d'élite et d'une quantité de fer. »

Il obtint ce qu'il demandait et partit pour le pays en question. (Or, si le roi l'y envoyait, c'était avec l'espérance qu'il périrait dans l'entreprise.) Le nègre trouva là des sauvages, qui l'attaquèrent. Il se servit du fer pour les combattre et en tua vingt-cinq. Alors, frappés de terreur, ils tombèrent à ses pieds et le supplièrent de les épargner, promettant de lui donner tout ce qu'il voudrait.

Il leur prit de l'or en masse, et s'en revint.

Le roi, voyant qu'il ne lui pouvait rien faire, donna sa fille en mariage au jeune homme.

RAPPROCHEMENT

Ce coffre avec son esclave est encore une transformation de la lampe, de l'anneau, de la boîte du numéro précédent.

Je n'ai retrouvé nulle part ce trait de la princesse apportée dans le lit du jeune homme, mais il sera certainement de provenance orientale, comme tout le conte au reste.

LA LOUBIE

ET

LA BELLE DE LA TERRE

Il y avait une fois un Valaque[53], qui était fort riche et possédait une station de bétail. Un roi étant venu à passer par là, il le reçut de son mieux. La femme du Valaque était grosse, et, cette nuit-là même, elle accoucha d'un garçon ; le roi engagea le père à faire apprendre plusieurs langues à son fils, et, lui remettant une croix : « Quand ton fils, dit-il, aura quinze ans, donne-lui cette croix, et invite-le à venir me trouver dans telle et telle ville. » Cela dit, il partit. Et le Valaque suivit son conseil.

Le jeune garçon apprit plusieurs langues, et, le jour où il atteignait ses quinze ans, le père lui remit la croix. Il lut une inscription qu'elle portait et dont voici le sens : *Je suis le roi ton parrain, viens me trouver en telle ville.* Après avoir achevé cette lecture, il dit à son père : « Voilà ce qu'un roi a écrit pour moi, il faut que je parte. » Et le père lui donna un valet[54] pour l'accompagner.

Chemin faisant, le garçon, pris de la faim, descendit, pour manger, dans un ravin, au fond duquel il y avait une source. Son repas fini, il aperçut le valet qui, une grosse pierre à la main, se tenait sur le haut d'un rocher, et qui lui dit : « Ôte les habits que tu portes, donne-les-moi et

---

[53] *Valaque*, nom donné aux pasteurs nomades, parlant un dialecte roumain, et qui, passant l'été sur les hauteurs du Pinde, en descendent à l'automne, avec leurs moutons et leurs chevaux, dans les plaines de l'Épire et de la Thessalie. En Bosnie, cette dénomination, *Vlah*, est appliquée par les mahométans et les catholiques à leurs compatriotes du rite oriental.

[54] Au texte : un compagnon.

mets les miens ; puis, jure-moi que tu ne révéleras à personne ce qui s'est passé entre nous. » Et il prononça ce serment : « Si je meurs et que je ressuscite, alors seulement je te dénoncerai. »

Après qu'ils eurent changé de vêtements, le domestique monta sur le cheval, et ils arrivèrent chez le roi. Celui-ci, en voyant la croix, prit celui qui la lui présentait pour l'enfant qu'il avait baptisé, et, lui donnant la main, il le fit monter dans son appartement. Quant au fils du Valaque, il resta dans le bas de la maison[55], et il parlait à chacun sa langue.

Le valet feignit d'être malade. Le roi alla le voir, et lui demanda ce qu'il avait : « Je me sens très mal, répondit-il. — Que veux-tu que nous fassions pour toi ? — Je veux un chou de ceux que garde la Loubie. — Il est allé, reprit le roi, il est allé tant de rois, et de plus puissants que moi, pour en prendre, et ils n'ont pu en venir à bout. — Commande, dit le malade, à ce garçon qui est en bas d'y aller, et, s'il refuse, contrains-le par la menace. » Le roi donc dit au jeune homme : « Bon gré, mal gré, il faut aller en tel endroit et en rapporter un chou. » (Or, si le valet avait fait le malade, c'est qu'il savait que, si le fils du Valaque allait chercher des choux, il n'en reviendrait pas.)

Celui-ci passait les jours et les nuits à pleurer, et il ne savait à quoi se résoudre. Une nuit il vit en songe un vieillard[56], qui lui dit : « Mon fils, essuie tes larmes, voici ce qu'il faut faire : Prends quarante charges de miel et quarante charges de lait, et fais en sorte d'arriver vers midi, parce qu'à cette heure la Loubie est en quête et ne se trouve pas dans sa tanière. » Le lendemain, le jeune homme demanda au roi les objets indiqués par le vieillard, et il partit.

En route, il rencontra le vieillard, qui lui était apparu pendant la nuit, et qui lui dit : « Bonne chance, mon fils !

---

[55] Le rez-de-chaussée, affecté aux domestiques, aux écuries, etc.
[56] Sur la substitution de Jésus-Christ à ce vieillard, dans un conte grec, voyez la préface.

Seulement, en arrivant là-bas, aie bien soin de balayer la tanière de la Loubie ; ensuite, mêle ensemble le miel et le lait, et cache-toi près de là. La Loubie, lorsqu'elle reviendra, mangera la moitié du miel et du lait, puis elle ressortira de son trou et dira : *"Que celui à qui je dois ce bienfait se montre, je veux le voir."*

– Toi, ajouta le vieillard, quand elle aura ainsi parlé, tu quitteras ta cachette et tu diras : *"Me voici."* Elle te demandera comment elle peut te récompenser. Réponds que tu veux un chou, et elle t'invitera à en prendre autant que tu voudras. Choisis-en trois, des plus beaux, et mange-les toi-même, car ils sont excellents pour la santé ; au retour, passe par chez moi, que je t'en donne un pour le malade. » Et le jeune homme fit exactement ce que le vieillard lui avait recommandé.

Dans l'après-midi, juste deux heures avant le coucher du soleil, la Loubie arriva, annoncée de loin par le vacarme qu'elle faisait en donnant des coups de sa queue. Elle mangea la moitié de ce que le jeune homme avait apporté, après quoi elle sortit et dit : « Celui à qui je dois ce bienfait, qu'il se montre » — et le jeune homme, paraissant, répondit : « Me voici » ; ensuite tout se passa comme l'avait annoncé le vieillard.

Quand ils eurent fait plus ample connaissance, la Loubie dit au jeune homme : « Tu peux passer par ici aussi souvent qu'il te plaira, et sans crainte. » (C'était le chemin qui conduisait chez la Belle de la terre) Ensuite il prit ses choux, s'en retourna, et, chemin faisant, il rencontra le vieillard, qui lui donna aussi celui qu'il lui avait promis. En arrivant, il le remit au roi.

Le malade mangea le chou, et se dit guéri ; mais, au bout de quelques jours, il feignit d'être repris de son mal. Le roi lui ayant demandé ce qu'il y avait à faire : « Ce que je veux, répondit-il, c'est la Belle de la terre ; charge encore ce garçon de me l'amener. – Tant de rois y sont allés et n'en sont pas revenus. – Eh bien, s'il refuse, contrains-l'y par des menaces. »

Le jeune homme passa cette Journée en pleurs, et il ne savait à quoi se décider. Mais, pendant la nuit, le vieillard lui apparut de nouveau en songe, et lui dit : « Essuie tes larmes, voici ce qu'il faut faire : demande au roi mille agneaux, quatre béliers, cent charges de froment, cent charges de miel et dix balais. En arrivant, tu égorgeras les agneaux, mais tu feras en sorte que ce soit à midi, parce qu'à cette heure les bêtes féroces de garde s'en vont, il ne reste que les lions. Il y a deux portes, l'une extérieure, l'autre intérieure, gardée chacune par deux lions. Après avoir passé la porte extérieure, jette les agneaux aux aigles, le froment aux fourmis, le miel aux abeilles, et, quand tu arriveras à la porte intérieure, jette les quatre béliers aux lions[57] ; alors entre sans crainte, mais n'oublie pas de balayer les murs, car, si tu négliges de le faire, ils tomberont sur toi et t'écraseront ; de même, quand tu atteindras la porte de la chambre de la Belle, il faudra aussi la balayer. Tous ces animaux, après avoir mangé, te demanderont quelle récompense tu veux pour le bien que tu leur auras fait. Demande aux lions un poil, aux abeilles, aux fourmis et aux aigles, à chacun une plume. »

Le jeune homme fit tout ce que le vieillard lui avait recommandé.

Après s'être repus, les animaux s'écrièrent tous ensemble : « Montre-toi, ô notre bienfaiteur, nous voulons te voir. » S'étant montré, ils lui donnèrent un poil et trois plumes, et lui dirent : « Chaque fois que tu auras besoin de nous, brûle une plume ou le poil, et aussitôt nous serons à tes côtés. »

Muni du poil et des plumes, le jouvenceau entra, non sans avoir eu soin d'en balayer la porte, dans la chambre de la Belle de la terre. Bientôt celle-ci parut, au milieu de onze jeunes filles, et lui demanda : « Qui es-tu ? Que cherches-tu ici ? – Je suis un homme ! Ne me vois-tu

---

[57] Le passage est assez embrouillé dans l'original, en voici la traduction littérale : les Lions seuls demeurent à la porte. Là il y a deux portes, l'une est gardée par deux des lions, et les deux autres se tiennent à la porte intérieure. Jette les agneaux, etc., etc., et, quand tu arriveras à la porte, jette les quatre béliers aux lions, etc.

pas ? Je suis venu pour t'enlever. » Et elle, en éclatant de rire : « Il en est venu tant d'autres, reprit-elle, qui n'ont pu m'enlever... »

Alors elle sort de la chambre, appelle les lions et leur dit : « Pourquoi avez-vous laissé entrer cet homme ? – Parce que, répondirent-ils, nous ne recevons de toi que de la viande pourrie, et en petite quantité encore, tandis que lui, il nous a donné à chacun un bélier.

– Pourquoi, demanda-t-elle ensuite aux aigles, avez-vous laissé entrer cet homme ?

– Parce qu'il nous a donné à chacun un agneau, alors que tu nous laissais sans nourriture. »

Elle fit la même question aux abeilles et aux fourmis, qui lui répondirent, les abeilles : « Tu ne nous donnais que de la cire, et celui-ci nous a donné du miel », – et les fourmis : « Tu ne nous donnais que des miettes de pain moisi, et il nous a donné du blé. »

Enfin elle demanda aux portes et aux murs, pourquoi ils l'avaient laissé entrer. « Parce que, répondirent-ils, tu ne nous avais jamais balayés, tandis que celui-ci nous a nettoyés. »

Alors la Belle de la terre dit au fils du Valaque : « Faisons trois gageures, si tu les gagnes, je t'appartiendrai. – Volontiers, dit l'autre. – Voici la première gageure : j'amoncellerai en un tas du blé, de l'orge, du seigle et de la terre, et tu auras à séparer toutes ces choses en une nuit.

– Je les séparerai.

– Voici la seconde gageure : tu devras aller dans les deux montagnes qui s'ouvrent et se referment, prendre de l'eau d'immortalité.

– J'irai.

– Voici la troisième gageure : je me cacherai au milieu de ces onze jeunes filles, nous serons toutes couvertes d'un drap, et si tu sais me reconnaître, je t'appartiendrai.

– C'est bien, fit le garçon. » Pour ce qui est de la première gageure, il brûla la plume que lui avaient donnée les fourmis ; elle n'était pas plus tôt consumée, que celles-ci arrivèrent. « Pouvez-vous, leur dit-il, nettoyer un tas de blé, d'orge, de seigle et de terre, et séparer ces grains en une nuit ? – Oui certes, répondirent les fourmis. » Sur quoi notre garçon se coucha et s'endormit. De grand matin il se réveilla, mais voyant tous les grains du tas nettoyés et mis à part, il fit encore un somme. La Belle de la terre, qui venait de se lever, l'en tira, en l'appelant. Laisse-moi dormir, fit-il, car je n'ai pas fermé l'œil de la nuit. Un moment après elle revint vers le jeune homme et lui dit : « Tu as gagné la première gageure, mais voyons les autres. »

Pour ce qui est de la seconde gageure, il brûla la plume des aigles, qui incontinent furent auprès de lui. Il leur dit : « Je veux aller puiser de l'eau d'immortalité aux deux montagnes qui s'ouvrent et se referment, mais il convient que nous soyons là à midi, attendu qu'à ce moment seulement elles restent ouvertes pour une demi-heure. » Il prend une bouteille, et on part. Au voisinage des montagnes, les aigles prirent le jeune homme sur leurs ailes, le firent passer, et, sa bouteille remplie, il s'en revint chez la Belle de la terre.

Pour la troisième gageure, il brûla la plume que lui avaient donnée les abeilles, et quand elles parurent, il leur demanda : « Comment ferai-je pour reconnaître la Belle de la terre, qui sera cachée au milieu de onze autres jeunes filles, toutes couvertes d'un voile ? – Qu'elles soient voilées, répondit la reine des abeilles ; je me poserai sur la tête de la Belle, ce sera à toi de la saisir, mais ne la laisse pas aller, car pour moi-même ensuite il serait impossible de la retrouver. » Et en effet, quand les jeunes filles parurent toutes voilées et menant une ronde, le jeune homme saisit celle sur laquelle l'abeille s'était posée, et il ne lui permit pas de s'échapper.

À la fin, il fallut bien que la Belle de la terre l'acceptât pour mari. Arrivés qu'ils furent chez le roi, celui-ci la donna au malade, et notre jeune homme continua de demeurer avec les domestiques.

Le jour suivant le malade pria le roi de le faire mourir. Sur le refus du roi, il descendit, trouva le jeune homme qui faisait la sieste, et le tua de sa propre main.

La Belle de la terre en eut connaissance, et descendant aussitôt à son tour, elle s'enquit où était le mort, d'un des serviteurs qui l'avait en grande affection. Alors elle le fit porter dans sa propre chambre, lui ouvrit la bouche, où elle versa de l'eau d'immortalité, et il revint à la vie. Ressuscité qu'il était, il révéla au roi sa naissance, et ce qu'en venant de chez son père il avait eu à souffrir du valet qui l'accompagnait. Alors, sur l'ordre et en présence du roi, on conduisit le malade hors de la ville, dans un lieu où se trouvaient quatre arbres rapprochés les uns des autres ; les branches en furent courbées, on l'y attacha par les pieds et par les mains, et en se retirant, elles le déchirèrent en quatre quartiers.

Quelque temps après notre jeune homme voulut aller voir son père et sa mère. Avant de partir, il remit à l'épouse du roi une robe qu'il avait achetée pour la Belle de la terre, et lui recommanda de ne pas la donner à celle-ci avant qu'il ne fût de retour.

Mais un jour qu'on dansait, la Belle refusa de prendre part à la danse, à moins d'avoir la robe laissée par son mari. Alors toutes les jeunes filles allèrent ensemble prier la reine de la lui donner ; elle refusa, mais la plus jeune de ses filles la lui déroba secrètement. Dès qu'elle l'eut passée, s'adressant aux danseuses : « Adieu, fit-elle ; dites à mon mari, quand il reviendra, qu'avant d'avoir usé trois paires de souliers en fer, il n'espère pas me retrouver. »

Au retour du jeune homme, on lui rapporta les paroles qu'avait prononcées sa femme. Aussitôt et sans perdre un moment, il acheta trois paires de souliers en fer, et partit à sa recherche. À l'endroit où il finit de les user, il fit bâtir une auberge, où les voyageurs pouvaient boire et manger sans rien payer. Il les interrogeait lui-même, sur ce qu'ils avaient vu en chemin. Il y en eut un qui lui dit : « Pas loin d'ici j'avais laissé tomber ma bouteille à eau, elle a roulé au fond d'un ravin, et en descendant pour la ramasser, j'ai vu douze jeunes filles qui se baignaient dans le bassin d'une fontaine. » À ces mots il se précipita dehors, et s'étant fait enseigner le lieu par le voyageur, il s'approcha sans être vu des baigneuses, se saisit de la robe et la jeta dans le feu, qu'elles avaient allumé pour laver leurs vêtements. Sa robe consumée, il n'y avait plus moyen pour la Belle de la terre de s'échapper, attendu que toute sa puissance résidait dans cette robe, et elle revint avec son mari chez le roi.

RAPPROCHEMENT

H., n° 37, il n'y a pas de Valaque. Un roi part, pour un temps indéterminé, en laissant à sa femme, qui est grosse, l'ordre de lui envoyer l'enfant, garçon ou fille, dont elle accouchera, et alors qu'il sera devenu grand. Seulement le muletier qui raccompagnera ne devra pas être un homme sans barbe[58].

Le garçon qui est né s'entend dans la suite traiter de bâtard, et, en apprenant de sa mère que son père vit, il veut aller le rejoindre immédiatement. La mère va trois jours de suite au marché pour y louer un muletier, mais chaque fois il n'y en a qu'un seul, qui est toujours imberbe, et elle finit par engager le dernier.

La substitution a lieu à peu près de la même manière, sauf que c'est dans un puits où le jeune prince est descendu pour se désaltérer, que le muletier l'oblige à faire l'échange des vêtements, etc.

La loubie est remplacée (il n'est pas non plus question de choux)[59] par un dragon aveugle, qui avait sa demeure dans le jardin du roi, et auquel celui-ci, chaque fois qu'il voulait se promener, devait jeter en pâture un homme ou une femme.

Le muletier persuade au roi d'exposer son fils qu'il ne connaît pas, mais le jeune homme est sauvé par un vieux cheval boiteux, qui tient la place du vieillard[60]. Par son conseil, il jette

---

[58] Sur l'imberbe de nature, voyez la préface.

[59] Ces choux sont changés en un *melon*, dans la variante 3 du n° 65, H. La sœur du prince, qui a commerce avec un dragon, feint, sur le conseil de celui-ci, d'être malade, et prie son frère, dont tous deux veulent se débarrasser de lui apporter un melon du jardin des Néréides (τῶν ἐξωθιῶν).

[60] Ailleurs, au n° 54, ce vieillard a encore un autre substitut, *Jésus-Christ*. Voyez la préface.

trois morceaux de viande au dragon, qui recouvre la vue, et, à titre de récompense, l'avale pour quelque temps, afin que, dans son ventre, il puisse apprendre la langue des oiseaux, science qui lui est plus tard utile.

J'omets quelques différences.

La Belle de la terre est remplacée par la Belle aux cheveux d'or *(die Goldgelockte)*. C'est en voyageant sur le vieux cheval, que le prince rencontre les abeilles, etc., auxquelles il demande une aile en récompense d'un service, et qui l'aident à venir à bout des épreuves imposées par la Belle, entourée non pas de onze jeunes filles, mais de toutes celles de la ville[61].

Le conte finit ici, c'est-à-dire que le prince se fait reconnaître, ainsi que cela a souvent lieu, en contant une histoire, qu'il dit ensuite être la sienne, et l'imposteur est jeté dans une cuve d'eau bouillante.

Le n° 63, H., a aussi une ressemblance partielle avec notre conte. Un chasseur (après plusieurs aventures) est obligé par le roi à lui amener la Belle du monde, qui n'est autre qu'une reine, vivant dans un château et avec un grand train[62]. Elle impose quatre épreuves, mais sous peine de la tête. Le chasseur les accomplit avec la coopération de quatre géants, qui se sont soumis à lui à la suite d'un sien exploit ; parmi eux, le roi des fourmis, qui est demi-homme demi-fourmi[63]. La troisième épreuve est comme au n° 12. Mais la Belle n'accepte pas le roi, elle le tue, au contraire, et épouse le chasseur.

La loubie, cela a été dit dans la préface, est étrangère aux contes grecs, et le seul conte albanais où elle figure encore, est celui qu'a publié et traduit Hahn (n° 98), sous le titre de *Persée*. Là, symbole d'une des circonstances climatériques de l'Orient, qui fait bien comprendre le mot de Pindare, αριστον μέν ὕδωρ, elle a fait tarir toutes les sources, et, « selon une prophétie », elle ne devait les laisser couler de nouveau, que quand elle aurait eu pour pâture, la fille du roi, qui est en effet exposée dans ce but. C'est donc, en effet, l'histoire de Persée et d'Andromède, de saint Georges et du dragon, etc., tant de fois reproduite sous

---

[61] Au n° 13, H., c'est une princesse changée en canard, avec ses suivantes, que le héros doit reconnaître, mais elle lui en fournit elle-même le moyen.

[62] À peu près comme au n° 7 de *l'Abeille albanaise*.

[63] Comparez Demi-homme demi-fer du n° 15.

des noms différents, de même que la naissance du héros rappelle celle de Thésée et de je ne sais plus quel roi serbe.

Sur le rapt des vêtements des Néréides, Samodivas, etc., voyez la préface.

La formule déprécative : « Tant d'autres l'ont essayé et n'ont pas réussi », est fréquente, et commune aux contes grecs.

L'ENFANT VENDU
OU LA DESTINÉE

(Le conte de l'enfant[64])

Il était un vieillard et une vieille, qui n'avaient point d'enfants. Enfin, au bout de je ne sais combien d'années, Dieu leur donna un fils, et leur joie fut sans bornes de ce que le Seigneur s'était ainsi souvenu d'eux. Deux nuits étaient passées depuis la naissance, et la troisième approchait, où trois femmes[65] devaient venir pour assigner à l'enfant sa destinée.

Cette nuit-là il tomba une pluie effroyable, telle que personne n'osait mettre le nez dehors, de peur d'être entraîné par les eaux et noyé ; cependant ne voilà-t-il pas qu'arrive à travers la pluie un pacha, qui demanda un gîte au vieillard. Celui-ci, voyant un homme d'importance, en fut tout aise, il le mit au haut bout du foyer, alluma un grand feu, lui donna à manger ce qui se trouvait, et retirant quelques objets, il les rangea dans un coin, afin de faire de la place pour le cheval du pacha, car cette maison n'était qu'à moitié couverte, une partie du toit manquait.

Le pacha, une fois bien réchauffé et repu, n'avait plus qu'à dormir ; mais le moyen de se laisser aller au sommeil, alors qu'il avait sur lui je ne sais combien de milliers de piastres !

---

[64] Ce sous-titre est le titre original. Plusieurs contes en ont un, par lequel ils sont habituellement désignés.

[65] Ce sont les fées de la *Belle au bois dormant*, voyez la préface.

Cette nuit-là, comme nous l'avons déjà dit, devaient venir trois femmes pour assigner à l'enfant sa destinée. D'aventure elles arrivèrent et s'assirent près du feu. Le pacha, à cette vue, fut pris d'épouvante, mais il se tint coi, sans faire le moindre bruit.

Laissons le pacha, et occupons-nous de ces femmes. La première des trois dit d'abord : « Cet enfant vivra peu, il mourra de bonne heure. » La seconde, répliquant à celle qui venait de parler, dit : « Cet enfant vivra de longues années, et ensuite il périra de la main de son père. » Enfin la troisième parla comme il suit : « Mes amies, quels discours tenez-vous là ? Cet enfant vivra assez pour tuer le pacha que voici, le dépouiller de son autorité et épouser sa fille. »

Or ce que la dernière avait dit, cela devait nécessairement s'accomplir. Elles ne demeurèrent qu'un moment de plus, et s'éloignèrent.

Le pacha, qui avait entendu ce discours, était glacé d'effroi ; il ne put fermer l'œil de la nuit, et ne songea qu'aux moyens de faire périr le nouveau-né. Le matin il dit au vieillard : « Moi aussi je suis sans enfants ; ne consentirais-tu pas à me donner le tien ? Je te paierai ce que tu voudras.

– Comment cela serait-il possible ? répondit le vieillard ; nous avons tant soupiré après la naissance de cet enfant, et tu veux nous le prendre ? Jamais !

– Si, si, reprit le pacha, tu me le donneras » ; et en disant cela il tira de son bissac trois mille piastres, qu'il offrait au père, mais celui-ci refusa. Il tire encore trois mille piastres, car il n'avait d'autre pensée que de se défaire de l'enfant. La vue de ces six mille piastres décida le vieillard, mais non la mère, qui ne voulait pas donner son consentement, et il en fut de même, après que le pacha eut encore ajouté trois mille piastres.

Alors le vieux dit à son épouse : « A quoi penses-tu, femme ? Nous ne savons même pas si l'enfant vivra, ou non ; pourquoi donc ne pas le donner, et prendre tout cet argent en échange ? Suppose que nous n'avons pas eu de progéniture ; mais d'ailleurs tu sais fort bien qu'on aura plus de soin de cet enfant, que tu n'en peux avoir toi-même, et de plus nous irons de temps en temps le voir. » Et par ce discours il décida sa femme.

Pour le dire en peu de mots, ils reçurent ces neuf mille piastres, et remirent l'enfant couché dans son berceau au pacha, qui le plaça devant lui en travers de son cheval. Alors, pourtant, ils ne purent s'empêcher d'éclater en sanglots.

« Ne pleurez pas, leur dit en partant le pacha, et venez chez moi, quand il vous plaira, voir l'enfant. »

Cependant, tout en cheminant, il ne songeait qu'à la manière de faire périr le nouveau-né, car de tirer son coutelas et de lui couper la tête, il ne pouvait s'y résoudre. Que fit-il ? Comme il passait au bord d'une rivière, il prit le berceau et le lança en plein courant, après quoi il s'éloigna, pour ne pas entendre les cris de l'enfant.

Celui-ci, croyait-il, avait dû bien certainement périr. Tout au contraire, il fut sauvé, car en tombant dans l'eau, son corps s'y enfonça bien tout entier, mais sa tête resta dehors, juste assez pour qu'il pût respirer, et le courant l'ayant emporté, alla le déposer au milieu des broussailles sur la lisière d'une forêt.

Dans cette forêt il y avait un pâtre qui gardait des chèvres, et il avait l'habitude, sur l'heure de midi, de les conduire à la rivière pour les abreuver. Ce jour-là une des chèvres quittant le troupeau, alla vers le nouveau-né, dont elle avait entendu les vagissements ; elle se plaça au-dessus de lui et ouvrant les jambes, elle lui mit sa mamelle dans la bouche, de façon qu'il pût boire, et quand il fut bien rassasié, elle alla rejoindre ses compagnes.

Vint le moment de traire les chèvres, alors on vit que celle-là n'avait pas de lait, et le maître dit au pâtre : « Pourquoi traire les chèvres en cachette ? Ce qu'on te donne à manger ne te suffit donc pas, que tu me dérobes encore du lait ? »

Le pauvre berger protestait de toutes ses forces, qu'il ne savait pas ce que cela voulait dire, et de fait il ne savait rien. Le maître finit par lui dire : « Reste ici à travailler, ce sera moi qui garderai les chèvres cette après-dînée. »

En effet, il les mena paître hors du bois, et au tomber du jour, comme il les conduisait à la rivière pour les faire boire, il voit cette chèvre, à laquelle le lait avait manqué, qui se sépare des autres, ouvre les jambes, et donne la mamelle à l'enfant. Étonné, il la suit, aperçoit un berceau où se trouvait un nouveau-né, et l'emporte chez lui, en reconnaissant qu'il n'y avait aucun reproche à faire au chevrier.

On ne tarda pas à découvrir à qui cet enfant appartenait, et celui qui l'avait trouvé le donna au vieillard (ils demeuraient tous les deux dans le même village), pour qu'il en prît soin et le lui rendît quand il serait devenu grand.

Pour abréger, c'est ce qui eut lieu. Le garçon ramené par le vieillard chez l'homme qui l'avait trouvé, montra tant d'intelligence et de sagesse, qu'il surpassait de beaucoup tous les autres serviteurs de cet homme, si bien qu'ils furent mis sous ses ordres. D'aventure le pacha vint dans ce village, car c'est lui qui en était le seigneur ; et il alla loger dans la maison où demeurait le jeune homme. Celui-ci, presque dès le premier jour, lui plut et gagna toute son affection par sa beauté, par sa modestie et par toutes les autres qualités dont il était doué.

Une fois le pacha fit l'éloge de notre garçon au paysan, qui lui dit : « Si tu savais son histoire, ce serait bien un autre étonnement pour toi » ; et il la lui conta d'un bout à l'autre. Quelle ne fut pas la consternation du pacha, quand il découvrit, par ce récit, que c'était là l'enfant qu'il avait jeté à la rivière. Aussi que fait-il ? Il imagine un autre moyen de s'en débarrasser, et pour cela il écrit à sa femme une lettre, où il lui disait : « *Ordonne qu'on mette à mort le porteur de cette lettre, et dès qu'il sera tué, qu'on tire une salve de canon, afin que je le sache et puisse m'en réjouir.* »

La lettre prête, il dit au paysan qu'il avait besoin d'un homme de confiance, pour la porter à sa femme.

« Ta seigneurie, répondit le villageois, sait que je n'ai personne de plus sûr que le jeune homme dont nous avons parlé. — Aussi est-ce lui que j'avais en vue ; qu'il prenne mon cheval et qu'il vienne, pour que je lui remette la lettre. » Le jouvenceau la prit, monta à cheval et partit.

Chemin faisant, il eut soif, et ayant trouvé une source, il descendit de sa monture, but tout son saoul, et ensuite s'étendit par terre pour faire un somme. Tandis qu'il dormait, voilà qu'un nègre se présente, tire la lettre de son sein, et en écrit une autre, ainsi conçue, « *L'homme que je t'envoie, tu dois le recevoir avec toute sorte d'honneurs, lui offrir un festin magnifique, et ensuite le marier avec notre fille ; au moment où la couronne leur sera posée sur la tête[66], je veux qu'il soit tiré une salve de canons, afin que je puisse l'entendre et prendre part à la réjouissance.* »

La lettre finie, le nègre la plia et la scella tout comme l'autre, ensuite il la mit dans le sein du jouvenceau, qui ne tarda pas à se réveiller. Sans se douter de ce qui s'était passé, il reprit aussitôt son chemin, et alla tout droit remettre la lettre à la dame du pacha. Elle n'en eut pas plus tôt pris lecture, qu'elle le traita avec beaucoup de considération, ordonna un grand festin, et ensuite le maria avec sa fille, au bruit de l'artillerie.

Le pacha qui, du village, entendait le canon, s'imagina que le jeune homme était mort. « À la fin m'en voilà débarrassé », se disait-il. Aussi je laisse à penser quel fut son effroi lorsque, quelques jours après, étant retourné chez lui, il aperçut le jouvenceau en vie, et surtout en apprenant qu'il était devenu le mari de sa fille.

Le voilà qui se creuse de nouveau la tête pour trouver le moyen de le faire disparaître. Après avoir bien réfléchi, il dit à un certain forgeron : « Demain, j'enverrai un garçon pour chercher tel objet ; tu lui diras d'attendre que tu l'aies fabriqué ; puis prenant tout doucement ton grand marteau, tu lui en assèneras deux ou trois coups, de manière à le tuer ; cela fait, coupe-lui la tête, mets-la dans un

---

[66] Voyez la [première] note du n° 6. Seulement cette couronne du mariage chrétien est fort peu à sa place dans un mariage musulman, comme celui de la fille d'un pacha.

mouchoir, et tu la donneras, pour me l'apporter, à un autre garçon qui viendra de ma part. »

Le soir, ayant appelé son gendre, il lui dit : « Demain il faut te lever de très bonne heure et aller chez tel forgeron, qui te remettra un objet que je lui ai recommandé.

– Je n'y manquerai pas », répondit-il ; et il alla se coucher. Au point du jour il se levait pour aller chez le forgeron, quand sa femme lui dit qu'il était trop tôt, et l'engagea à se recoucher et à faire encore un somme.

Cependant, le pacha s'étant réveillé à son tour, appelle son fils, et lui demande si son gendre était parti : « Je veux m'en assurer », fit-il ; et il se rendit au logement de son beau-frère, qu'il réveilla, en lui demandant s'il était allé chez le forgeron. « Non, répliqua-t-il, mais j'y cours à l'instant. – Au lieu, pensa le fils du pacha, d'attendre que celui-là se lève et fasse sa toilette, il vaut mieux faire la chose moi-même » ; et il partit.

En le voyant venir de loin, le forgeron prit son grand marteau, d'un coup il vous l'assomma, et après lui avoir coupé la tête, il l'enveloppa dans un mouchoir. Bientôt après arriva le gendre du pacha, pour réclamer l'objet commandé ; il reçut du forgeron le mouchoir, qu'il prit et alla porter à son beau-père.

Le pacha, quand il parut vivant devant lui, trembla de tous ses membres, mais sa douleur fut au comble lorsque, ouvrant le mouchoir, il y découvrit la tête de son fils. Cependant il n'en laissa rien paraître, mais voici ce qu'il commanda au palefrenier : « Cette nuit, lui dit-il, si les chevaux se battent, laisse-les faire, de manière que mon gendre vienne pour les tranquilliser ; toi, tiens-toi derrière la porte avec un casse-tête à la main, et au moment où il passera, brise-lui le crâne. – C'est bien », fit l'autre.

Pendant la nuit les chevaux ayant commencé à se battre, le pacha cria à son gendre d'aller les séparer, mais sa femme l'empêcha de se lever, et les chevaux ne tardèrent pas à se calmer d'eux-mêmes. Le pacha, qui pensa que cette fois il était bien mort, sortit de sa chambre et s'en alla à pas de loup vers l'écurie. Le palefrenier crut que c'était le gendre qui venait, et d'un coup sur la tête, il l'abattit raide mort.

Alors le jeune homme s'empara de l'autorité, et devint pacha à la place de l'autre. Ainsi se vérifia la prédiction de la troisième des femmes, qui, à l'époque de sa naissance, avait annoncé qu'il supplanterait le pacha.

Notre conte est fini, ce garçon a eu de la chance, et nous, nous en aurons encore plus que lui.

RAPPROCHEMENT

Le nᵒ 20, H., « La prophétie accomplie », est beaucoup moins développé et moins intéressant. J'en traduis le début.

« Il y avait une fois un marchand, qui était fort riche, mais n'avait point d'enfants. Il lui avait été jadis prophétisé que le plus jeune fils d'un pauvre homme lui dissiperait toute sa fortune. Pour parer ce coup, il alla trouver le pauvre homme et lui demanda combien il voulait pour lui céder son plus jeune fils. Il répondit que ses enfants n'étaient pas à vendre. Alors le marchand lui dit que, n'ayant pas de fils lui-même, il voulait l'adopter pour lui en tenir lieu. Ce que le pauvre ayant entendu, il lui donna le jeune garçon, sans accepter aucun paiement en échange. »

« Le marchand prit avec lui l'enfant, et, au moment où il traversait un pont, le précipita au milieu de la rivière, se croyant dès lors débarrassé de toute crainte au sujet de sa fortune. Mais, le jour suivant, il arriva qu'un berger trouva l'enfant gisant sur le sable, etc. »

Le nègre de la lettre est remplacé par un prêtre (*Gœttlither Mann*).

L'enfant grandi ne court qu'un seul danger, où le marchand périt à sa place, c'est-à-dire sous le fusil d'un garde des vignes, auquel il avait recommandé, *par lettre*, de tuer l'homme qui viendrait à une certaine heure manger du raisin.

Hahn, dans ses Rapprochements, ne cite qu'un conte de Grimm, le nᵒ 29. Celui qui est menacé par la prophétie est un roi, et on doit penser qu'il en était de même dans l'albanais, où un pacha lui a été ensuite substitué.

Cette idée de la destinée inévitable rappelle encore, entre autres, l'histoire du fils de Crésus, dans Hérodote, celle du jeune homme tué dans une île par Sindbad le marin, etc.

Sur les « trois femmes », voyez la préface, et aussi l'index de H., au mot *Mœre*.

Quant à la découverte de l'enfant jeté à la rivière, elle rappelle étonnamment celle de Daphnis, dans la pastorale de Longin :

« Ενταυθα ή αίξ θέουσα συνεχές, άφανής έγένετο χαί τόν έριφον άπολιπούσα, τώ βρέφει παρέμεινε. Φυλάττει τάς διαδρομάς ό Λάμων [...] χατ ίχνός έλθών όρά τήν μέν αίγα πεφυλαγμένως περιβεβηχυίαν, » etc.

Il est bien probable d'ailleurs que cette sorte de trouvaille était déjà, à l'époque de Longin, un lieu commun, comme la plupart des incidents des romans grecs[67].

Le trait de la lettre échangée est varié d'une manière assez curieuse dans la première variante du n° 3, H. Elle est écrite par un ogre (drakos) à sa femme, et portée par Skandalos, le cadet de trois frères, qui a feint de ne pas savoir lire. Au message, en vertu duquel il devait être tué, il en substitue un autre, par lequel il est ordonné à la *drakaina*, de faire coucher avec lui, Skandalos, une de ses trois filles, et la chose se répète trois jours de suite.

La formule de transition, « laissons (le pacha) et occupons-nous des (litt. "prenons les") femmes » est commune aux contes grecs et siciliens, par exemple, dans celui-ci, *Lassamu a lu pappa gaddu, e pigghiamu a lu cavaleri*. (Pitré, t. I, p. 9.)

---

[67] « Dans un très grand nombre de légendes, maints parents, avertis que leur fils les détruira, exposent cet enfant, qui est sauvé par une bête sauvage et élevé par un berger. Persée, Œdipe, Kuros (Cyrus), Paris, Romulus, sont tous exposés, etc. » S. Mallarmé, *Les dieux antiques*, p. 5.

LA FILLE
CHANGÉE EN GARÇON

Il était un homme qui avait trois filles. L'ordre lui arriva une fois de partir en guerre pour le service du roi, et comme il n'avait pas de fils pour se faire remplacer, il demeurait tout triste et tout pensif.

Sa fille aînée lui demanda la cause de cette tristesse. « Laisse-moi, ma fille, fut sa réponse ; le roi me donne l'ordre d'aller en guerre, et je n'ai point de fils, je n'ai que vous autres, que je ne puis envoyer à ma place. — Marie-moi », dit-elle alors[68]. Et la seconde lui tint le même langage que son aînée. Mais la cadette à son tour lui dit : « Père, rassure-toi, car c'est moi qui irai en guerre. Seulement, fais-moi faire un costume, coupe-moi aussi les cheveux pour qu'on ne reconnaisse pas que je suis une fille, apprête un cheval et donne-moi des armes. » Son père fit tout ce qu'elle avait demandé, et elle partit en compagnie des hommes du même village, que la vue de ce garçon ravit en admiration.

À force de tirer en avant, ils approchèrent. Or ce jour-là le roi avait exposé son fils pour être dévoré par une lamie. Cette lamie avait accoutumé de venir chaque année et d'entrer dans la ville, où elle mangeait quantité de gens. À la fin elle dit aux habitants : « Si vous voulez que je ne vienne plus ici, le roi n'a qu'à me livrer son fils. »

Juste au moment où les recrues arrivaient, la lamie s'approchait pour le dévorer ; tous furent saisis de terreur, et il n'y en eut pas un seul qui allât à son secours,

---

[68] Sans doute pour faire entendre que le père, quand il aurait un gendre, pourrait se faire remplacer.

seule notre jeune fille en eut le courage ; tirant son sabre, elle pourfendit d'un coup la lamie, et sauva la vie au prince. La nouvelle en fut portée au roi, qui au comble de la joie, ordonna un grand festin et fit tirer le canon.

Le fils du roi, tout en cheminant avec son sauveur, lui dit : « Mon père voudra te donner quelque royaume ; ne l'accepte pas, mais demande-lui qu'il te fasse présent de son cheval, qui parle tout comme nous. »

Et en effet, quand ils arrivèrent en présence du roi, celui-ci dit au libérateur : « Quel royaume veux-tu que je te donne en récompense du service que tu m'as rendu ? — Tout ce que je désire, répondit-il, c'est d'être dispensé d'aller à la guerre, et d'avoir mon congé. — Pour le congé, tu l'as dès à présent, mais je le répète, quel royaume veux-tu ? — Si ton intention est de me donner quelque chose, je désire le cheval que tu montes. »

C'était une chose que le roi ne pouvait accorder, et le jeune homme partit ; sur ses pas sortit le fils du roi. Comme on lui demanda où il allait : « Je vais, fit-il, rejoindre mon père, car c'est celui-là que je reconnais pour tel ; il m'a sauvé la vie, et puisque mon père préfère un cheval à son propre fils, il vaut mieux que je m'en aille. » Ce langage donna à réfléchir au roi, il ordonna d'amener le cheval avec sa selle dorée, et en fit présent au jeune homme.

Ce jeune homme (car c'est ainsi qu'il convient de l'appeler, et non pas jeune fille), une fois monté sur le cheval, se rendit dans un autre royaume. Là, il trouva un groupe d'hommes, qui cherchaient à sauter par-dessus un fossé, mais sans pouvoir en venir à bout. Le cheval reconnut de loin ce que c'était et (car, ainsi que nous l'avons déjà dit, il parlait tout comme nous) il dit au cavalier : « O mon maître, vois-tu ces gens et ce qu'ils font ? — Je les vois bien, mais pour ce qu'ils font, je ne le comprends pas. — Ce fossé, reprit le cheval, est de ceux que le roi fait creuser, lorsqu'il a une fille à marier, à cette occasion il rassemble tous ces sujets et fait proclamer ceci, *"Celui qui pourra franchir ce fossé à cheval et attraper avec la main une pomme qu'on jettera en l'air à ce moment, ce-*

lui-là recevra ma fille en mariage." Je ferai ce saut ; toi, tu n'as qu'à te bien tenir sur mon dos, sans rien craindre et en ne t'occupant que de la pomme ; au moment où je prendrai mon élan pour sauter sur le revers du fossé, frappe-moi du talon, empoigne ma crinière, et en avant ! »

Tandis que le cheval parlait ainsi à son maître, ils s'étaient rapprochés du fossé ; le cheval, donc, prit son élan, et comme il arrivait au bord, le jeune homme le frappa du pied en lui empoignant la crinière ; l'un franchit le fossé d'un bond, et l'autre attrapa la pomme à la volée. Tous ceux qui se trouvaient là demeurèrent stupéfaits, car si plusieurs avaient sauté par-dessus le fossé, nul n'avait pu attraper la pomme. Pour le dire en peu de mots, le roi s'occupa aussitôt de préparer les noces et de marier sa fille.

La noce terminée, le marié alla dormir avec la mariée, mais, comme vous le savez, c'étaient tous les deux des filles. Elles se réveillèrent au point du jour, et se levèrent. On demanda à l'épousée, comment elle avait passé la nuit ? Car la coutume était alors de faire une telle question. « On ne peut plus mal » fut la réponse qu'elle donna ; et la nuit suivante il en alla de même que la première ; la troisième aussi fut toute pareille.

Les parents songèrent à tuer le marié, mais ils n'en eurent pas le cœur. « Mieux vaut, dirent-ils, l'envoyer porter à manger aux scieurs de bois dans telle et telle forêt, afin qu'il y soit dévoré par la lamie. »

Pendant qu'on tenait ce discours, le marié, qui était caché derrière un mur, l'entendit sans en perdre un mot. Il alla trouver son cheval, et demeura tout pensif auprès de lui. « Pourquoi es-tu si triste, ô, mon maître ? demanda le cheval. — Comment ne le serais-je pas ? Le roi veut m'envoyer dans une forêt, et son intention est que je sois dévoré par la lamie. — Sois sans crainte, reprit le cheval, demande seulement qu'on te donne un chariot attelé de buffles pour porter le pain ; ensuite je t'enseignerai ce que nous aurons à faire là-bas. »

Un moment après le beau-père fit appeler son gendre et lui dit : « Il faut que tu ailles porter à manger aux scieurs dans telle forêt.

– Volontiers, fit l'autre, donne-moi seulement un chariot pour transporter les vivres. » On lui donna ce qu'il demandait, et après avoir chargé le chariot, il partit.

En route le cheval lui dit : « Quand nous serons au milieu de la forêt, il faudra détacher du joug un des buffles et crier pour appeler les scieurs ; en entendant ta voix, la lamie accourra pour te dévorer, mais n'aie pas peur, saisis-la hardiment par l'oreille et attelle-la au joug. »

Tout en parlant ainsi, ils avaient atteint le milieu du bois. La jeune fille détela un buffle et se mit à appeler les scieurs. Et la lamie d'accourir, croyant n'en faire qu'une bouchée ; mais elle vous l'empoigne par l'oreille et l'attelle à la place du buffle ; le monstre avait beau regimber, rien n'y fit ; ensuite ils se dépêchèrent de retourner chez le roi.

Quand on les vit arriver ainsi avec la lamie sous le joug, tout le monde fut pris d'épouvante, on ferma les portes, et ce n'étaient que cris d'effroi. Alors le cheval dit à son maître de la détacher, et il la laissa aller.

Les deux époux dormirent encore ensemble ce soir-là, et, le matin, on demanda de nouveau à la mariée comment elle avait passé la nuit. « Tout comme devant », fit-elle. Cette fois les parents se dirent : envoyons-le abreuver la jument qui mange les hommes, afin qu'elle le mange, lui aussi. Ce discours ne lui échappa pas plus que le premier, et, tout pensif, il alla trouver son cheval qui lui demanda la raison de sa tristesse. « J'ai échappé à la lamie, répondit-il, maintenant on m'envoie à la jument qui dévore les hommes. — Rassure-toi, car cette jument est ma mère ; demande seulement au roi deux pots remplis de miel. »

Peu après le roi l'appela et lui commanda d'aller faire boire la jument. « À tes ordres, je ne demande pour cela que deux pots de miel. »

On les lui remit et il partit.

Chemin faisant, le cheval lui dit : « Quand nous arriverons au puits, il faudra tirer un seau d'eau et le verser dans l'auge ; ensuite tu jetteras dans l'eau le miel, tu les mêleras bien ensemble, et, cela fait, tu accrocheras la selle à un arbre en face, de manière que la jument puisse l'apercevoir, et toi-même tu monteras sur l'arbre. Lorsque la jument viendra, elle boira, et, voyant la selle, elle dira, *"Avec cette eau sucrée que je viens de boire et avec cette selle d'or que je vois, si j'avais un homme pour me monter, quels sauts et quelles gambades je ferais !"* Toi alors, dis-lui d'en haut : *"Je suis prêt à te monter, mais je crains que tu ne me manges."* — *"Non, je ne te mangerai pas"*, répondra-t-elle. Dis-lui, *"Je ne te croirai pas, à moins que tu ne jures par la tête de Demirtchil."* Et, en effet, elle jurera par ma tête ; alors tu peux descendre et sauter hardiment sur elle. »

Il exécuta tout ce que le cheval venait de lui recommander ; la jument arriva, et, après avoir bu, voyant la selle, elle s'écria : « Si j'avais un homme pour me monter, quels sauts et quelles gambades je ferais ! — Je suis prêt, dit l'autre, mais j'ai peur que tu ne me manges. — Je ne te mangerai pas. — Jure-le par la tête de Demirtchil. » Elle le jura, il descendit de son arbre et s'élança sur la jument, qui prit ses ébats et s'en donna à cœur joie. Ensuite elle s'écria : « Si Demirtchil était là, je serais encore plus heureuse ! — Il est ici », lui dit-il ; il l'appela, et la joie de la mère fut au comble.

Le temps de partir étant venu, le gendre du roi enfourcha son cheval, et reprit le chemin du palais, suivi par la jument. Quand dans la jument on reconnut celle qui dévorait les hommes, ce fut une panique générale. Où la mènes-tu ? lui criait-on, que Dieu t'extermine[69] ! Le che-

---

[69] Il est curieux que certains peuples, les Albanais, les Serbes, fassent intervenir le nom de Dieu là où nous employons celui du diable. « Dieu t'extermine ! est l'équivalent exact de « que le diable t'emporte ! » formule qui elle-même, aux yeux d'un Anglais, n'est guère moins sacrilège que la première, « le fond de la langue anglaise (God d...you) » à ce que dit Figaro.

val lui-même se mit à la supplier de s'en retourner, mais elle ne voulait rien écouter. Ce fut seulement à force de prières et après la promesse qu'on se reverrait le lendemain, qu'elle finit par s'en aller.

Ce soir-là encore le gendre du roi dormit avec sa femme, et, quand on demanda le lendemain à celle-ci comment elle avait passé la nuit : « Plus mal que jamais, fit-elle. — Je veux, dit alors le roi, l'envoyer dans cette église qui est remplie de serpents, et l'obliger à faire payer le tribut à ces serpents, qui, depuis tant d'années, n'ont pas donné un denier. »

Cela encore fut entendu du marié, qui s'en alla, tout contristé, trouver son cheval. « Qu'est-ce qui t'afflige, ô, mon maître ? lui demanda le cheval. — C'est que maintenant je suis perdu pour tout de bon ; le roi veut m'envoyer dans telle église pour exiger le tribut des serpents qui y demeurent. — Sois sans crainte, reprit le cheval, demande seulement un cheval chargé de clochettes et de grelots, et quelques mulets pour rapporter l'argent. »

Peu après le roi fit appeler son gendre, et lui répéta ce qu'il avait déjà entendu. « J'y vais tout de suite, qu'on me donne seulement un cheval chargé de clochettes et de grelots, et des mulets pour rapporter l'argent. » Sur Tordre du roi, on lui remit ce qu'il demandait et il partit.

Tout d'abord il alla prendre la jument ; Demirtchil et celle-ci l'instruisirent de ce qu'il avait à faire. « Moi, dit le cheval, et ma mère, nous occuperons les portes de l'église en hennissant de toutes nos forces ; toi, tu n'as qu'à monter sur une fenêtre et là à secouer les clochettes et les grelots. Alors les serpents se prendront à crier et à dire, *"Qu'avons-nous donc fait à Dieu pour qu'il nous tourmente de cette manière ?" — "Payez le tribut que vous devez au roi, leur répliqueras-tu, sinon Dieu vous exterminera jusqu'au dernier."* »

Tout en parlant ainsi, ils étaient arrivés près de l'église, et ils firent ce qui avait été convenu. Les serpents, effrayés par les hennissements du cheval et de la jument, comme par le tintamarre des grelots et des clochettes, donnèrent une quantité d'argent.

Notre jouvencelle commençait à s'éloigner, quand les serpents se mirent à darder leurs langues contre elle et la piquèrent, mais sans lui faire aucun mal. Alors ils s'écrièrent : « Toi qui nous as pris notre argent, si tu es garçon, deviens fille, et si tu es fille, deviens garçon ! » Aussitôt la jeune fille sentit qu'elle avait été changée en garçon, et elle cria à son cheval : « Au galop, mon cheval, j'étais fille et je suis devenue garçon, j'étais jument et je suis devenue étalon. »

Revenu chez le roi, il dormit le soir avec son épouse, et de nouveau on demanda le lendemain à celle-ci comment elle avait passé la nuit. Cette fois elle répondit. « Ne m'interrogez pas davantage, je l'ai passée très bien. »

Et nous aussi, nous passerons très bien ; le conte est fini, et il nous a laissés en bonne santé.

RAPPROCHEMENT

Le commencement de ce conte, jusqu'au départ de la fille pour la guerre, sert aussi de début, mieux raconté il est vrai, aux n°s 10 et 101 (le second est albanais), H., qui s'engagent ensuite dans des récits absolument différents. Il suffira de dire que, dans le grec, le fils du roi soupçonne que le prétendu guerrier n'est autre qu'une fille, et, pour s'en assurer, il a recours à un stratagème.

Le vrai récit se trouve au n° 58, avec une différence importante cependant, c'est que la fille est un homme, qui a changé de sexe par l'effet de l'imprécation d'une Néréide, et qui reprend ensuite sa forme première. Le voici en abrégé :

Le héros, un pauvre homme, excellent joueur de guitare, jette, après sa métamorphose, son instrument, et prend, ce qui semble peu motivé, un costume d'homme et des armes. C'est alors qu'il rencontre la fille du roi exposée au dragon et qui lui rend, en attendant la venue du monstre, le service accoutumé de lui *nettoyer la tête*.

Par le conseil de la princesse, il choisit, pour récompense, un cheval galeux parmi les trois mille étalons du roi. Le roi fait d'abord, pour le donner, les mêmes cérémonies que le père du serpent (n° 9), etc. Le cheval s'appelle l'*Éclair*.

La mariée, après l'épreuve du fossé (la pomme y manque, mais se retrouve plus loin), laisse passer une semaine avant de dire à son père : « Je ne veux pas du mari que tu m'as donné, attendu que ce n'est pas un homme. »

Les trois *travaux* imposés au gendre pour le faire périr, sont autres. Le troisième consiste à attraper à la volée une pomme, qu'un géant noir jetait en l'air et recevait dans sa main. La fille réussit, aussi grâce à son cheval, et le nègre, à son tour, empoigne la queue de l'animal, qui lui reste dans la main. C'est lui qui, alors, prononce mot pour mot l'imprécation que l'albanais prête aux serpents ; elle est suivie de la seconde métamorphose.

Au n° 69, variante I, il y a un cheval ailé anthropophage, et dont le prince s'empare à la source où il vient boire ; il saute sur lui par surprise, et le force à jurer de le servir. De même l'aventure de la lamie a quelque analogie avec celle de la *Karakisa* (n° 64, troisième variante), espèce d'ogresse que le prince attache à son chariot, après l'avoir vaincue.

Voyez encore le n° 6, H., *Le prince et son poulain*, qui, dit Hahn, offre une ressemblance étonnante avec un conte allemand. Ce poulain apprend seulement à son maître les dangers qui le menacent, mais c'est le maître qui imagine lui-même les moyens d'y échapper.

Les légendes indiennes offrent de nombreux exemples de changement de sexe. Voir le *Pantchatantra*, I, p. 43 et suiv.

On peut, si l'on veut, rapprocher les deux récits réunis de la légende de Tirésias. Mais Montaigne nous en indique une autre, qui appartient aussi à la littérature classique, et plus voisine de notre sujet. L'auteur des *Essais* dit quelque part « avoir vu[70] à Vitry-le-Français un certain Marie Germain, qui avait été « fille jusques à l'âge de vingt-deux ans », et, à cette occasion, il cite un vers d'Ovide :

Vota puer solvit, quæ femina voverat, Iphis.[71]

« Ce n'est pas tant de merveille, ajoute-t-il, que cette sorte d'accident se rencontre fréquent. » Il est vrai que Montaigne, se

---

[70] Il paraît que dans son *Voyage,* cette assertion est remplacée par ces mots, « nous ne le pûmes voir, car il estoit au village. » *Essais,* édition V. Leclerc, t. I, p. 87.

[71] *Métamorph.,* IX, 793.

départant assez mal à propos, il faut en convenir, de son scepticisme ordinaire, n'y voit que l'effet de l'imagination et du désir surexcité outre mesure, tandis que le récit d'Ovide tient franchement du surnaturel. C'est la déesse Isis elle-même qui, cédant aux prières de la mère d'Iphis, change le sexe de celle-ci le jour même où elle a été mariée[72].

Dans le conte sicilien du perroquet (Pitré, t. I, p. 22), le notaire, qui a été changé en cet oiseau, s'écrie, au moment où il reprend sa véritable forme : « *Pappaguddu sugnu e omu addiventu*, je suis perroquet et je deviens homme. »

---

[72] Usant du droit barbare que lui accordaient les mœurs antiques, Ligdus, père d'Iphis, avait annoncé que si une fille lui naissait, elle serait mise à mort, et la mère lui a caché jusqu'au bout le vrai sexe de l'enfant, qu'elle voulait sauver.

LES TROIS FRÈRES
ET LES TROIS SŒURS

Il était, il n'était pas, il était trois frères, qui avaient trois sœurs ; ils les marièrent et les donnèrent à Soleil, à Lune et à Sud[73].

Il y avait déjà je ne sais combien de temps qu'elles étaient mariées, quand ils se dirent entre eux : « Allons chez nos sœurs voir comment elles se portent. » Et, sans perdre de temps, ils firent leurs préparatifs, prirent des provisions pour le voyage, et les voilà partis.

Comme ils cheminaient, la nuit les surprit dans une plaine, près d'une montagne. Ils s'arrêtèrent en un endroit, tirèrent leurs provisions et allumèrent une torche[74]. Le repas fini, l'aîné des frères dit aux deux autres : « Couchez-vous et dormez ; moi, pendant ce temps-là, je veillerai et ferai la garde, de crainte que quelqu'un ne vienne nous voler et nous tuer. » Les deux plus jeunes s'endormirent donc, et lui fit la garde.

Voilà qu'une lamie, apercevant de la lumière, s'en vient droit de ce côté, et, tout affriandée en voyant des hommes, elle s'élança aussitôt sur celui qui était en sentinelle, pour le dévorer. Mais lui, d'un coup de carabine[75], l'étendit morte par terre ; puis, tirant son coutelas, il lui coupa la tête, qu'il fourra dans son sac, après quoi il jeta

---

[73] Sud, *youg* en serbe et en bulgare. Dans ces langues aussi la *lune* est du masculin, et ces deux circonstances prouveraient assez l'origine slave de ce conte.

[74] Le mot du texte, *drita*, signifie lumière.

[75] La carabine, comme au conte précédent le canon, traits les plus modernes accolés aux plus anciens.

le corps dans un fossé, pour empêcher que ses frères ne le vissent. Cela fait, il reprit son poste. Au bout de quelque temps, il les réveilla et tous les trois continuèrent leur voyage.

La seconde nuit, ils se trouvaient dans un autre endroit ; après avoir allumé la torche et avoir mangé, deux des frères se couchèrent, gardés par le second, qui, lui aussi, ainsi que cela était arrivé à son aîné, tua une lamie.

La troisième nuit, le plus jeune dit aux autres : « Dormez, c'est à mon tour de faire la garde. — Non, lui répliquèrent-ils, tu es trop jeune, c'est à l'un de nous deux de prendre ce soin. » Mais il n'y voulut pas consentir, et ce fut lui qui veilla.

Il ne manqua pas, à son tour, d'être attaqué par une lamie ; mais, jeune comme il était, il tira trop vite, et quand, ayant dégainé son coutelas, il se jeta sur la lamie pour l'achever, dans les convulsions de l'agonie, d'un coup de sa queue, elle éteignit la torche. Et comment la rallumer ? Il n'avait pas ce qu'il fallait. Par aventure, un feu brillait faiblement sur la cime de la montagne, et il se dirigea de ce côté.

Sur son chemin il trouva la mère de la nuit, à laquelle il demanda où elle allait. « Je vais faire le jour, répondit-elle. — Attends-moi, reprit-il, jusqu'à ce que j'aie allumé de la lumière[76]. — Bien, je t'attendrai. »

Mais, ne croyant pas à sa parole, il l'attacha, pour l'empêcher de faire le jour.

En approchant du feu, il vit au-dessus une énorme chaudière, pourvue de douze anses. Il la souleva, et ralluma sa torche. Par aventure, les brigands, à qui appartenait la chaudière, arrivent, et ils lui demandent qui il était. « Un voyageur, leur répondit-il ; ma lumière s'était éteinte, et je suis venu ici pour la rallumer. — Comment, reprirent les brigands, as-tu fait pour soulever cette chaudière ? À douze que nous sommes, quand il s'agit de

---

[76] Les absurdités sont très communes dans tous les contes de tous les pays, mais on y trouverait difficilement plus grosse naïveté que celle-ci.

la retirer du feu, nous l'empoignons chacun par une anse, et c'est à peine si nous en venons à bout. – Moi, elle ne m'a pas paru tellement lourde », fit-il, et de nouveau il la leva. « Il faut, lui dirent alors les brigands, que tu sois un brave à toute épreuve ; tu es l'homme qui convient pour voler le roi. » Et ils partirent tous les treize pour aller voler le roi.

Ayant fait un trou dans le mur, ils s'introduisirent dans l'écurie, afin de dérober les chevaux, et notre garçon resta dehors. Ainsi seul, il était plongé dans ses réflexions. Jusqu'au jour d'aujourd'hui, se disait-il, je n'ai pas à me reprocher le plus petit vol ; il n'y a qu'une chose à faire : c'est de tuer ces gens, et de décamper ensuite. Et il se mit à crier : « Vite, sauvez-vous, nous sommes découverts. »

Les voleurs, aussitôt de sortir en toute hâte, mais, à mesure que chacun se présentait au trou, il leur coupait la tête. Après les avoir ainsi massacrés jusqu'au dernier, il entra dans la galerie inférieure, et y ficha en terre son couteau ; puis il ralluma sa torche, détacha la mère de la nuit, et, étant revenu trouver ses frères, ils partirent tous ensemble.

Mais laissons ceux-là, et occupons-nous du roi. À son lever, la vue de tous ces cadavres et du couteau fiché en terre au milieu de la galerie, le jeta dans un profond étonnement. Aussitôt il donna l'ordre de construire une auberge, dans un carrefour où se croisaient plusieurs chemins ; tout voyageur qui s'y arrêterait devait avoir le boire et le gîte gratis, mais avec l'obligation de raconter tout ce qu'il avait fait de bien ou de mal, dans sa vie. Les ordres furent exécutés. Il passa beaucoup de gens par l'auberge, ils y mangeaient et couchaient sans payer un denier.

Le hasard voulut que les trois frères s'y arrêtassent aussi, et le matin, au moment de partir, comme ils tiraient leur bourse pour payer la dépense, l'aubergiste leur dit : « Ici on ne demande d'argent à personne, seulement chacun est tenu de raconter tout ce qu'il a fait, en bien et en mal dans sa vie. » L'aîné des frères alors raconta tout ce qu'il avait fait, et, entre autres, comment il avait tué une lamie ; il en fut de même du second.

Quand ce fut au tour du troisième et qu'il en vint à l'aventure de la lamie et des voleurs qu'il avait tués, alors qu'ils étaient en train de voler le roi ; l'aubergiste l'emmena, en lui disant : « C'est toi que le roi cherche. » Les deux aînés tirèrent de leur côté et nous ne savons pas ce qu'ils devinrent. Quant au cadet, le roi, ayant ouï son histoire, lui donna sa fille en mariage, et fit de lui la première personne du royaume.

Dans ce pays-là, la coutume était, le jour d'un mariage royal, de mettre en liberté plusieurs forçats. Parmi les gens qui étaient alors en prison, se trouvait un individu moitié fer et moitié homme ; on ne l'avait pas relâché avec les autres, et il ne faisait que crier et se plaindre. Ému de compassion, le marié supplia le roi de lui rendre aussi la liberté, mais il était condamné pour la vie, et il fallut de nouvelles instances de son gendre pour que le roi ordonnât de briser ses fers. Au moment où on les lui ôtait, la fille du roi se trouvait là ; se jeter sur elle, ravaler et disparaître, ce fut pour lui l'affaire d'un moment.

Le roi, consterné de ce malheur, dégaina pour tuer son gendre ; mais celui-ci lui dit : « Je me fais fort de la retrouver et de la ramener ici ; seulement il faut que tu me donnes une paire de souliers de fer et un bâton, aussi en fer (c'est qu'il avait à voyager terriblement, avant que de la retrouver), et je te promets, d'ici à un an, de revenir avec ta fille. » Et, quand le roi lui eut fait faire les objets qu'il avait demandés, il partit.

Ce soir-là, il s'en alla droit chez celle de ses sœurs qui était mariée à Soleil. « Qui est là ? » demanda-t-elle, en entendant frapper à la porte. Il répondit : « Je suis un tel » ; la sœur ouvrit la porte, et, en voyant son frère, elle eut une grande joie. Mais un moment après arrive Soleil, et, dans la crainte qu'il ne dévorât le nouveau venu, elle le poussa dans un coffre. À peine entré, Soleil demanda à sa femme : « Qu'aurai-je à manger aujourd'hui ? — Ce qui se trouvera. — Je sens la chair fraîche. — Non, tu te trompes, il n'y a pas de chair ici. » Lui, pourtant, se lève pour chercher où elle était, et alors sa femme lui dit : « Mieux vaut me manger moi-même que de manger mon frère, qui vient d'arriver un instant avant toi. — Qu'il se montre, je ne le toucherai pas. » Il sortit de sa cachette, et, en voyant son beau-frère, Soleil partagea la joie de sa femme. Celui-là leur demanda ensuite si d'aventure, ils savaient où demeurait Demi-homme demi-fer.

« Non, lui répondirent-ils, nous n'en savons rien, mais va le demander à Lune. »

Pour le dire en peu de mots, la nuit suivante il se rendit chez celle de ses sœurs qui était mariée avec Lune ; mais, comme là aussi, on ne sut rien lui dire, il s'en alla chez la troisième, la femme de Sud.

À la question qu'il lui fit, elle répondit qu'elle l'ignorait. « Mais, ajouta-t-elle, demain avant le jour, tu n'as qu'à prendre le chemin que tu vois là-haut, et en tel endroit tu trouveras un faucon, si énorme qu'il ne peut voler. Approche-toi de lui par derrière, à pas de loup, empoigne-le par la tête et dis-lui, *Je te tue, si tu ne me dis pas où demeure Demi-homme demi-fer.*" Ensuite, quand il t'aura révélé où il est, et ce que tu as à faire, mets-toi à sa recherche. »

Et de fait, au point du jour, il parvint à se rendre maître du faucon, qui lui dit : « Je sais où il est, mais il faut que tu me procures tant d'ocques de viande, et ensuite que tu attendes que mes ailes aient repoussé, parce que je suis vieux. »

Il attendit que les ailes du faucon fussent repoussées, et fit une provision de viande, afin de lui donner à manger tandis qu'ils monteraient en l'air, car l'endroit où ils devaient aller était une montagne si haute, si haute, qu'aucun homme n'était en état d'y arriver. On l'appelait l'autre monde, et c'est là que demeurait Demi-homme demi-fer, avec la fille du roi.

Finalement il enfourcha le faucon, plaça devant lui la viande, et l'oiseau prit son essor. À mesure qu'ils montaient, le jeune homme lui donnait des morceaux de viande, mais il arriva que la provision finit, et il ne restait plus rien à lui jeter dans le bec. « Je veux de la viande, dit le faucon. – Je n'en ai plus, elle est finie. – Ou bien donne-moi de la viande, reprit-il, ou bien je te jette à bas. » Ne sachant plus que faire, notre jeune homme se taille un morceau de la cuisse et le lui donna, et ensuite, comme l'oiseau en demandait encore, il fallut bien se tailler l'autre cuisse. Arrivé sur le sommet, le faucon, qui vit son cavalier tout en sang, revomit les morceaux de sa chair, qu'il avait avalés, et le jeune homme, les ayant remis en place, se trouva aussitôt guéri.

On voyait un palais à peu de distance de l'endroit où il avait mis pied à terre. Il y alla frapper, et ce fut son épouse, la fille du roi, qui vint lui ouvrir. Elle le reconnut sur l'heure, et, dans sa joie, elle s'écria : « C'est toi ! mon mari ! Comment es-tu parvenu jusqu'ici ? Qui t'y a porté ? » Aussitôt il la mit au fait de ses aventures. Tandis qu'ils s'entretenaient ainsi, arriva Demi-homme demi-fer, et elle, craignant pour la vie de son mari, le fit monter au grenier et l'y cacha. L'autre entre et demande : « Qu'avons-nous à manger aujourd'hui ? — Ce qui se trouvera. – Je sens la chair fraîche. » Et, en disant cela, il aperçut d'aventure par un trou l'homme qui était au grenier. En un moment, il vous l'attrape et lui boit tout le sang ; quant à la peau et aux os, il les jeta devant la maison.

Le faucon aperçut ces débris et se dit : « C'est là le jeune homme que j'ai apporté ici ; dépêchons-nous d'aller chercher du lait d'hirondelle, afin de lui rendre la vie. » Et, sans perdre de temps, il partit à tire d'ailes vers deux montagnes qui s'ouvraient et se refermaient (c'est entre ces deux montagnes que se trouvait le lait d'hirondelle) ; il passa, emplit son bec, revint au plus vite, et à peine le lait eut-il touché les lèvres du jeune homme, qu'il revint à la vie.

Rentrant dans la maison, il engagea sa femme à contrefaire la malade et ensuite à dire à Demi-homme demi-fer, « *Il y a tant de temps que nous vivons ensemble, et tu ne m'as jamais révélé où est le siège de ta force. Je vais mourir, tu n'as rien à craindre de moi.* » Alors il te révélera où est le siège de sa force. Cela dit, il alla se coucher, de peur d'être dévoré une seconde fois.

La fille du roi feignit d'être malade et interrogea Demi-homme demi-fer au sujet de sa force. Elle est dans le balai, répondit-il ; mais, quand il fut sorti, elle eut beau brûler le balai, sa force n'en fut en rien atteinte. De nouveau elle se donna pour malade, et le pressa de questions. Alors il lui dit : « Ma force est dans un sanglier, qui habite dans telle et telle montagne : il a une défense d'argent, dans cette défense est un lièvre, le lièvre a dans son ventre trois pigeons, c'est là que réside ma force. » Cela dit, il s'en alla à ses affaires.

La princesse sortit, appela son mari et lui rapporta tout ce qu'elle avait entendu. Lui, sans perdre un moment, se hâta de partir pour la montagne, où ayant trouvé un berger qui gardait des moutons, il lui demanda où il y avait un certain sanglier, une énorme bête. « Ne crie pas si fort, répondit le berger, car il pourrait nous entendre et venir nous dévorer. » Mais il se mit à faire encore plus de bruit, tant qu'à la fin le sanglier accourut et se rua sur lui pour le dévorer, mais l'autre, armé d'un coutelas, se défendit bravement.

Pendant qu'ils se battaient ainsi, le sanglier s'écria : « Si seulement j'avais une racine de gouet pour aiguiser mes défenses, tu verrais. – Et moi, dit à son tour le jeune homme, si j'avais un gâteau de fine farine, des poissons frits et une cruche de vin, tu verrais aussi. » En un moment, le berger lui apporta ce qu'il venait de dire. Après que tous deux eurent mangé, le sanglier la racine de gouet[77], et l'autre le gâteau de farine fine et les poissons frits, le combat recommença, jusqu'à ce que le jeune homme abattit le sanglier ; il lui regarda les défenses, en vit une qui était d'or et d'argent, et, l'ayant fendue, il trouva à l'intérieur un lièvre, dont il ouvrit aussi le ventre, où étaient trois pigeons.

---

[77] Cette circonstance est évidemment de trop, et elle manque, avec raison, dans les nombreuses répétitions de ce combat qu'offrent les contes grecs.

Revenons maintenant à Demi-homme demi-fer. À peine le sanglier avait-il expiré, qu'il se sentit mal ; et, quand le lièvre eut été ouvert, ce fut encore pis ; il ne pouvait plus se tenir sur ses pieds. Ensuite le jeune homme coupa la gorge à deux des pigeons qu'il avait trouvés, et, gardant le troisième à la main, il revint à la maison de Demi-homme demi-fer. En le voyant, celui-ci essaya de se lever, mais il en fut incapable, et, le jeune homme ayant tué le dernier pigeon, il expira sur-le-champ.

Ce jeune homme prit sa femme, monta avec elle sur le dos du faucon, et, descendus de la montagne, ils s'en retournèrent chez le roi qui, en les voyant, fut transporté de joie et leur fit un festin magnifique.

RAPPROCHEMENT

Sur l'origine probable de ce conte, voyez la note 1 de la traduction.

Les ressemblances avec les contes grecs sont fort nombreuses.

H., 64 et première variante, est surtout l'histoire d'un garçon doué d'une force tout à fait prodigieuse. Dans la deuxième variante, elle se manifeste, en même temps qu'un appétit de Gargantua, dès l'âge de deux mois, chez l'enfant, un fils de prêtre (encore des *prédestinés*, que ces fils de prêtre !). Hahn y voit une réminiscence de la légende d'Hercule, et il n'a pas manqué d'en tirer une formule, la trente-septième. Le seul endroit, par où le personnage albanais s'en rapproche, est l'aventure de la chaudière.

Les autres points de contact du récit sont les suivants : Demi-homme demi-fer est remplacé, soit par un *vieux boiteux*, ou par un individu qui n'a qu'un œil, une main et un pied, ou *demi-homme*. La force du premier réside dans un serpent à dix têtes, qui paraît, à midi, dans une aire, avec beaucoup d'autres ; il faut sauter par-dessus, sans en toucher aucun, et couper les dix têtes au principal. Le siège de la force du second est dans deux pigeons, que renferme le ventre d'un sanglier.

Jean le fort (der starke Hans), pour arriver à tuer ce sanglier, s'engage au service d'un berger. Le combat recommence quatre jours de suite, et chaque fois les adversaires prononcent le même souhait : l'animal, d'avoir une mare pour s'y souiller, l'homme, d'avoir un pain chaud et du vin. Le quatrième jour, la fille du berger, qui a entendu l'expression de ce souhait, apporte à Jean les objets de son désir, et il est vainqueur.

Ce combat entre un homme et un sanglier d'un caractère surnaturel est répété dans plusieurs contes, à la deuxième variante du n° 9 en particulier, mais avec cette différence singulière, que c'est *sa propre force*, que l'homme trouve dans les pigeons.

Au n° 10 se trouvent les mères du soleil, de la lune et du *vent,* qui protègent la princesse contre la voracité de leurs fils.

Pour plusieurs des détails qui précédent, Hahn renvoie à l'Edda et à la Vilcinasaga.

N° 25. Les trois sœurs de notre conte ont leur pendant dans celles qui, mariées au lion, au tigre et à l'aigle, transforment leur jeune frère en balai, pour empêcher qu'il ne soit dévoré par leur mari. Là, le but du voyage du frère est de retrouver la Néraïde (Elfin), que son père lui avait destinée en mariage, et il fait usage également d'un bâton et de souliers en fer ; trait qu'on rencontre encore ailleurs.

Une analogie plus lointaine se trouve au n° 26. Un prince, le cadet de trois frères, délivre sa sœur, emportée par un dragon sur une montagne inaccessible (il est *traîné* jusqu'en haut par un serpent reconnaissant). La sœur tue le dragon, aussi après avoir appris de lui où est sa force : trois cheveux d'or qui, coupés, servent à ouvrir la porte d'une chambre où sont trois pigeons, etc.

On voit à *combien de sauces* sont mis ces fameux pigeons.

Enfin, le n° 52 est presque la reproduction littérale de la première partie, jusqu'au mariage du frère, sauf les différences qui suivent : il n'y a qu'une seule sœur et qui n'est pas mariée. Voici le début : « Il y avait une fois trois frères, qui avaient une sœur. Elle fut enlevée par des brigands, et ils partirent pour la retrouver, etc. »

Le plus jeune frère tue *trois* lamies. Au lieu de la mère de la nuit, il n'y a plus qu'une *vieille*.

Les brigands sont au nombre de quarante (au n° 64, 40 *drakos*), et la chaudière est grande à proportion. C'est dans le trésor du roi que le jeune homme les tue, et avec l'épée qu'il y a trouvée.

L'auberge figure dans trois contes allemands, indiqués par Hahn, qui compare le début du conte avec la légende de Cadmus. Cette auberge a pour pendant le bain public du n° 102 (albanais), dont l'usage est aussi gratuit, à la condition de raconter une histoire à la princesse.

Un trait d'un conte sicilien (Pitré, t. I, p. 17), rappelle la torche éteinte : la princesse qui veut guérir une autre princesse muette, et qui a oublié l'amadou pour la nuit, aperçoit par la fenêtre une lumière dans le lointain ; elle descend, y court, et trouve aussi un chaudron sur le feu, mais qui appartenait à un *Turc* occupé à des opérations magiques.

LES DIABLES DUPÉS

(Le conte du diable)

Un homme avait envoyé son fils chez les diables pour y apprendre les diableries[78]. Au bout d'un an, il en avait appris si long, qu'il en savait plus que ses maîtres ; aussi, son père alla le chercher pour le ramener au logis.

Là, il dit à son père : « Demain, je veux me changer en cheval, mais tout ce qu'il y a de plus beau en fait de cheval ; tu me vendras pour un prix en rapport avec ma valeur, mais sache, avant tout, qu'il ne faut pas donner avec moi le licol. »

Le lendemain, en effet, il se changea en cheval ; son père le conduisit au marché et le vendit pour je ne sais combien de mille piastres, en ayant soin de garder le licol. Lui s'enfuit de chez l'acheteur, et revint à la maison.

Le jour suivant, nouvelle métamorphose, en mule cette fois, et le père alla encore le mettre en vente.

Arrivent les diables chez qui il avait étudié. Ils demandent au père combien il voulait de cette mule, et, étant tombés d'accord sur le prix, ils aveignent l'argent pour le lui remettre. Le père alors leur dit : « Sachez que je ne vous donne pas le licol. – Il nous le faut, répliquent les autres », et voilà une dispute qui s'engage. La mule en profite pour détaler, et les diables se lancent à sa poursuite.

Voyant qu'elle ne pouvait s'échapper, elle se change en lièvre, et les diables en chiens, qui courent après lui.

---

[78] *Diable, diableries.* Ces mots sont en turc dans l'original ; ailleurs et d'ordinaire le démon est désigné, comme chez nous, par un nom dérivé du grec διάβολος.

Le lièvre allait être happé, quand il se métamorphosa en une pomme, qui tomba dans le tablier d'une reine. Les chiens prirent la figure de deux derviches, et dirent à la reine : « Au nom de Dieu, donne-nous cette pomme, qui vient de tomber dans ton tablier ; il y a plusieurs jours que nous suons sang et eau pour l'avoir. – Vous n'aurez pas la honte d'un refus, leur répondit la reine ; quoi ! C'est pour cette pomme que vous vous donnez tant de peine ? La voici, prenez-la, et laissez-moi en paix. » Et elle leur jeta la pomme.

La pomme devint du millet, qui se répandit par terre. Aussitôt, les derviches se changent en poules, qui se mettent à becqueter le millet. Le millet alors devint un renard, qui croqua les poules. Ainsi notre homme avait si bien appris le métier de diablerie, qu'il avala ceux-là mêmes qui le lui avaient enseigné.

RAPPROCHEMENT

Le conte grec, H., 68 et variante, est beaucoup plus développé et a bien d'autres incidents. Au nᵒ 68, c'est un démon, et dans la variante un être à « Tête de chien », qui est le maître de diablerie, et, quoique cet enseignement par le diable soit le fond du récit, il y est comme noyé. Le disciple se change non seulement en cheval, mais en « bain », et dans le conte serbe (Vouk, nᵒ 6, le diable et son apprenti), en une « boutique de marchandises ».

Voyez l'introduction au Pantchatantra, p. 411, où Benfey voit l'origine de semblables contes dans les récits des disputes entre saints bouddhistes et brahmanes.

LE LION AUX PIÈCES D'OR

Il était, il n'était pas, il était un ouvrier, qui avait une femme et un fils ; leur pauvreté était extrême, et ils vivaient de ce que gagnait le père, en transportant des pierres au moyen de quelques ânes qui lui appartenaient. Il allait chercher ces pierres à une heure de chemin de la ville, jamais il ne s'en éloignait davantage.

Un jour qu'il avait ainsi emmené ses ânes au lieu qu'il fréquentait d'habitude, il aperçut un lion qui, étendu sur une grande pierre, se chauffait au soleil. En le voyant qui se levait, le cœur lui manqua, et il fut glacé d'épouvante. Mais le lion, reconnaissant que l'homme n'avait pas l'intention de l'attaquer, et qu'au contraire il avait peur, se recoucha à la même place.

De son côté, l'ouvrier, voyant que le lion n'avait pas bougé, se rapprocha de lui, sur quoi le lion se leva encore, et puis se recoucha. À la fin, il se dit : « Allons à lui, pour voir ce qu'il me fera ; s'il avait voulu me dévorer, il se serait jeté sur moi dès le premier moment ; mais j'ai l'idée, au contraire, qu'il y a quelque bienfait à en attendre. » En le voyant approcher, le lion se dressa, ouvrit sa gueule et en laissa tomber une pièce d'or, qui valait mille piastres ; ensuite il reprit la même position. L'homme, transporté de joie, ramassa cette pièce, chargea ses ânes et retourna au logis.

En y arrivant, il déchargea les pierres, puis il s'assit, l'air riant et rayonnant d'aise. Sa femme lui demanda ce qui le rendait si heureux. « Voilà, dit-il, ce que m'a donné un lion, que j'ai rencontré dans un endroit un peu plus éloigné[79] que celui où je charge d'habitude de la pierre ; s'il voulait m'en donner autant tous les jours, nous deviendrions riches, ô, ma femme. »

Le lendemain, il retourna sur le lieu avec ses ânes, et il eut une pièce d'or, comme la veille. Cela durait ainsi depuis quelques jours, quand sa femme lui dit : « Sais-tu ce qu'il faut faire ? Enclore d'une grille de fer l'endroit où se tient le lion, afin que personne n'y pénètre, en laissant toutefois une porte d'entrée ; mais, puisqu'il nous fait chaque jour ce présent, il convient que nous l'en récompensions, et pour cela, que tu lui portes quatre ocques de viande et trois ocques de lait. »

L'homme accomplit exactement ce que sa femme lui avait recommandé ; chaque jour il ne manquait pas de porter à manger au lion, de qui, tous les jours aussi, il recevait le même cadeau. Si bien qu'au bout de deux ou trois ans il se fit bâtir une grande maison, et eut à son service de nombreux domestiques.

Les gens qui voyaient cet homme arrivé à l'opulence, de simple manouvrier qu'il était, n'en revenaient pas d'étonnement. Quelque argent, disaient-ils, qu'il puisse gagner avec dix ou même avec vingt ânes, il est impossible qu'il en ait ramassé assez pour construire une pareille maison et devenir riche comme il l'est ; il faut qu'il ait trouvé quelque trésor.

On finit pourtant par apprendre son aventure avec le lion. Un beau jour, il arriva que le fils étant à jouer avec des camarades, ceux-ci lui dirent : « Grand nigaud, poltron que tu es, qu'on ne te voie plus avec nous ! Ton père a trouvé quelque part un lion, qui lui donne tous les jours de l'or, mais à toi, on ne t'en dit rien, parce qu'on te connaît pour un imbécile. »

Transporté à la fois de colère contre eux et de ressentiment contre ses parents, qui ne lui avaient point parlé de leur trésor et qui, lui semblait-il, ne tenaient de lui

---

[79] *Plus éloigné,* inadvertance du narrateur. Voyez au commencement du conte.

aucun compte, il alla trouver sa mère et lui parla ainsi :
« Mère, mes camarades m'ont dit que nous étions
pauvres jadis, et que mon père était un simple journalier,
qui vivait du produit de quelques ânes, avec lesquels il
transportait des pierres. Aujourd'hui, je vois que mon
père est riche, il a une maison grande comme un palais, et
moi-même j'ai des domestiques pour m'accompagner.
D'où lui vient toute cette fortune ? N'auriez-vous pas,
quelque part, enclos de grilles de fer un espace, où il
nourrit un lion qui lui a indiqué un trésor ? Pourquoi me
tenez-vous cela caché ? Ne suis-je donc pas votre fils ? – Il
est vrai, lui répondit sa mère, que nous avons entouré de
murs un certain espace, et que là se trouve un lion, qui
nous donne chaque jour une pièce d'or, mais tu ne saurais t'en approcher, il ne te connaît pas et il te mettrait en
pièces.

– Eh bien, j'irai, et armé, pour le tuer s'il vent se jeter
sur moi ; je te prie seulement de me donner un domestique avec un cheval, et sois sans inquiétude, il ne viendra
pas à bout de moi si facilement. »

La mère se prit à pleurer et à gémir, elle était sûre
que le lion, à peine verrait-il son fils, se précipiterait sur
lui et le déchirerait, et elle maudissait les camarades du
jeune homme, pour lui avoir ainsi parlé. À la fin, elle lui
dit : « Je m'en vais consulter ton père, et, quoi qu'il dé-
cide, il faudra lui obéir. »

Le père, informé du projet de son fils, le fit venir et
lui dit : « Quelle est cette idée d'aller à l'enclos du lion ?
Ne sais-tu pas que, à peine tu paraîtras, il se jettera sur
toi pour te dévorer ? Pourquoi veux-tu nous priver de ce
qu'il nous donne, une pièce d'or, par jour ?

– Quoi que tu puisses dire, répliqua le fils, je ne re-
noncerai pas à mon dessein, et j'irai voir ce qu'il y a là-
bas, car m'est avis que vous vous jouez de moi ; donne-
moi donc la clé de bon gré, autrement je tâcherai de la
prendre par la force. »

La mère fut, à la fin, obligée de lui remettre cette clé,
il menaçait de la tuer !

Alors il prend un domestique et un cheval, et il part. Le lion, quand la porte s'ouvrit, se leva, puis, reconnaissant dans celui qui entrait le fils de l'homme qui recevait de lui chaque jour une pièce d'or, il se recoucha. Mais, lorsqu'il le vit s'avancer le sabre au poing, il se dressa de nouveau en pieds ; le jeune homme s'élance, le blesse légèrement à la queue, mais il est lui-même déchiré en mille morceaux.

Le domestique attendait son maître, bien inutilement, puisqu'il était mort ; aussi finit-il par reprendre le chemin de la maison, en emmenant le cheval. À son retour, la mère lui crie : « Où est mon fils ? Pourquoi est-il resté là-bas ? — Voilà, fit l'autre, ce qui est arrivé, il a blessé le lion à la queue, et le lion l'a déchiré. » En entendant ces paroles, elle éclata en sanglots et en lamentations. Le mari lui-même, étant survenu et ayant appris la mort de son fils, se prit à pleurer.

Deux semaines plus tard, et après qu'il avait élevé au jeune homme un tombeau dans le lieu même où il avait péri, le père s'y rendit, avec la ration accoutumée, et il demanda au lion la pièce d'or, mais le lion refusa, par ressentiment, car il pensait que ce pouvait bien être par son conseil que le fils avait agi.

Un jour il y alla de nouveau et se mit à supplier le lion : « Je t'en conjure, lui disait-il en pleurant, donne-moi, comme auparavant, la pièce d'or, car je suis devenu pauvre, il ne me reste plus de pain à manger ; tu as tué mon enfant, mais je ne t'en garde pas de rancune. »

Le lion lui répondit : « Je te donnerai, il est vrai, la pièce d'or, et toi tu m'apporteras la ration accoutumée, mais toute amitié n'en sera pas moins loin de nous désormais : car toi, en voyant ici le tombeau de ton fils, tu me maudiras, la haine et l'effroi te rempliront le cœur, et moi, à mon tour, en pensant au sang qui a coulé de ma queue, le désir me vient de ne plus jamais t'avoir devant les yeux. Cependant, si tu continues à m'apporter à manger, je te donnerai la pièce d'or. »

Il vieillit et fut heureux.

RAPPROCHEMENT

La tendance quelque peu moralisante de ce conte, vers la fin, me semble trahir une origine musulmane. Le lion est de la même famille que le baudet qui sert à vêtir *Peau d'âne* ; mais il fait les choses plus proprement. Cet âne, familier aux contes allemands, est très brièvement mentionné dans deux contes grecs seulement, comme « faisant de l'or », mais il n'est pas dit *par quel côté*. Au n° 43, c'est le serpent qu'une femme a mis au monde à la suite d'un souhait (voyez p. 216), qui en fait cadeau à sa mère, pour lui fournir un moyen d'existence.

L'*Âne d'or* d'Apulée n'a rien de commun, on le sait, avec ceux dont il vient d'être question ; ce nom, expression de l'admiration pour l'œuvre de l'Africain, signifiait l'Âne par excellence, l'âne valant son pesant d'or (Bétolaud).

LE PÊCHEUR

Il était un pêcheur, qui s'en alla un jour au bord de la mer pour prendre du poisson ; il avait emporté son filet et quelques hameçons, et il jeta le filet, mais sans pouvoir rien amener. Ce que voyant, il s'en retourna, en suivant la rue où était le palais du roi.

Comme il passait devant le palais, il s'écria : « Ah ! Malheureux que je suis ! » Le roi, qui, à ce moment-là, se trouvait justement sur le balcon, entendit cette exclamation, et envoya chercher le pêcheur. « Pourquoi, lui demanda-t-il, disais-tu tout à l'heure : *"Ah ! Malheureux que je suis ?"* — C'est, répondit-il, que je suis allé à la mer pour pêcher, mais que je n'ai pu rien prendre ; et ainsi je n'ai pas de pain à donner à mes enfants, quand ils m'en demanderont. — Retourne à la mer, reprit le roi, jette ton filet, et ce que tu amèneras, que ce soit un poisson, que ce soit une pierre, je te le paierai, en mettant d'un côté de la balance ce que tu auras pris et de l'autre des sequins, et autant cela pèsera, autant d'or je te donnerai, sous la condition pourtant que ta pêche m'appartiendra. »

Le pêcheur retourna donc au bord de la mer, mais il eut beau lancer et relancer son filet, il ne s'y trouva rien absolument, qu'une feuille d'arbre. Il la porta au roi et lui dit : « Cette feuille que tu vois est toute ma pêche. — Tu n'as pas de chance en vérité, mon pauvre homme, fit le roi, car voilà une feuille qui ne pèse pas même la moitié d'un dramme[80]. »

Ensuite il la prit et la posa sur le plateau d'une balance, en mettant sur l'autre plateau un sequin d'or ; mais

---

[80] *Dramme*. La quatre centième partie d'une ocque, ou un peu plus de 3 grammes.

il voit que la feuille était plus lourde, il ajoute donc deux sequins ; la feuille l'emportait encore. Alors il jeta dans la balance toute une poignée d'or, mais c'était toujours la feuille qui avait plus de poids.

Le roi n'en revenait pas ; dans son embarras, il assembla tous les savants du pays et leur dit : « J'ai une question à vous poser, mais sachez que si, d'ici à trente et un jours, vous y avez répondu, je vous comblerai de présents ; que si, au contraire, vous n'êtes pas capables de me satisfaire, je vous ferai mettre à la torture, et vous aurez la tête coupée. »

Les savants firent tous leurs efforts pour deviner, mais sans y réussir. Vingt-cinq jours s'étaient déjà écoulés, et ils n'étaient pas plus avancés que le premier. Ils se décidèrent à aller trouver un caloyer[81], auquel ils dirent (car ils le savaient honnête) : « Nous te conjurons de nous expliquer comment il se fait que cette feuille soit plus lourde qu'une poignée de sequins, car le roi nous a déclaré que, si nous trouvions la clé de ce mystère, il nous récompenserait, mais que, dans le cas contraire, il nous ferait couper la tête. »

Le caloyer se mit à prier Dieu avec ferveur ; sa prière fut exaucée, et il leur fit cette réponse : « Soyez sans crainte, car je me charge d'expliquer pourquoi cette feuille pèse plus qu'une poignée de sequins, et ainsi je vous sauverai de la mort. »

Le trente et unième jour étant arrivé, le caloyer se rendit avec les savants, dont il avait pris le costume, en présence du roi. Celui-ci les interrogea, et le caloyer, saisissant d'une main la feuille, de l'autre un peu de terre, mouilla cette terre, trempa la feuille dans la boue, et dit ensuite au roi :

« Cette feuille est semblable à l'œil de l'homme cupide et avare. Avant d'être couverte de boue, elle était lourde ; maintenant qu'elle est pleine de terre, elle devrait

---

[81] *Caloyer,* moine grec, Galland a plus d'une fois employé ce mot.

peser encore davantage, et cependant nous voyons qu'elle est plus légère qu'auparavant. Il en va de même de l'homme : toute sa vie, il s'efforce d'amasser des richesses, et jamais il n'en a assez ; de même la feuille, tant qu'elle est nette, pèse davantage. Ainsi l'homme, quand il meurt, n'est plus rien, son œil se ferme, et tout ce que sa cupidité avait amassé, il le laisse ; de même la feuille qui, aussi longtemps qu'elle était nette, pesait davantage ; mais maintenant qu'elle est souillée et cachée sous la boue, au lieu d'avoir augmenté en poids, comme cela se devrait, elle est devenue tout à fait légère, salie comme elle l'est[82].

    — Bravo ! s'écria le roi, puisque vous avez deviné la chose, et que vous me l'avez fait comprendre, je vais vous récompenser largement » — et il leur donna la moitié de son royaume.

RAPPROCHEMENT

Espèce d'apologue moral, dont la provenance musulmane est fortement accusée. Les *Mille et une Nuits* offrent plus d'un exemple du coup de filet, par exemple celui qui amène (au lieu de la feuille) le vase où est renfermé un génie.

---

[82] Cette explication, fort peu claire, fait penser à la définition que Voltaire a donnée de la métaphysique. Le roi s'est contenté à peu de frais.

LE FILS INGRAT

Il était, il n'était pas, il était dans une certaine ville un marchand fort honorable, qui avait des liaisons de commerce avec plusieurs amis dans cette même ville.

Ayant conçu la crainte que ses associés ne dissipassent les capitaux qu'il avait apportés, il se sépara d'eux et prit le sage parti de quitter cette ville-là et d'aller s'établir dans une autre. Il emmenait avec lui sa femme et son fils. Après avoir choisi une situation convenable, il ouvrit un petit négoce, qui peu à peu prospéra et lui donna les moyens de vivre à l'aise.

Il y avait déjà vingt ans qu'il avait formé ce nouvel établissement, et le temps approchait où il avait l'intention de se retirer des affaires[83]. Tout d'un coup, sa femme vint à mourir. Depuis trente ans ils vivaient ensemble, et dans une telle union, que jamais aucun des deux n'avait donné à l'autre la moindre occasion de reproche. Il est aisé de comprendre quel crève-cœur ce fut pour ce négociant, que la mort de sa femme. Cependant, voyant que son fils aussi était dans l'affliction, il tâcha de surmonter son propre chagrin, afin de le consoler.

« Ta mère n'est plus, lui dit-il, c'est une perte irréparable ; tout ce que nous pouvons faire, c'est de prier Dieu pour son âme, car nos larmes ne sauraient lui rendre la vie. Ici je n'ai personne que toi pour m'aimer, car mes amis sont restés dans la ville que nous habitions d'abord. Si tu veux être sage et te bien conduire, travaille, et je tâcherai de te marier avec quelque fille de notre condi-

---

[83] Les Albanais, quoiqu'une partie de la nation vive encore dans un état voisin de la sauvagerie primitive, ne sont pas moins portés au commerce et à la spéculation qu'au métier des armes.

tion. » Et, de fait, le vieillard se mit en quête d'une femme pour son fils.

Dans leur voisinage demeuraient trois frères, dont l'aîné avait une fille. Autrefois riches, ils étaient alors fort déchus et vivaient dans un état voisin de la pauvreté. Le vieillard avait bien souvent pensé à leur fille. Un jour il se décida, mit des habits neufs, et alla leur en faire la demande pour son fils ; il pensait que, étant pauvre, elle devait être honnête[84].

La première question des trois frères fut celle-ci : « Que possède ton fils ? — Tout mon bien, répondit-il, meubles et argent, peut s'élever à mille livres ; j'en donne, dès à présent, la moitié aux époux et le reste leur reviendra après ma mort. » On tomba d'accord, et le mariage eut lieu.

Au bout de quelque temps, il naquit aux époux un enfant, qui se montra fort intelligent et doué de beaucoup de qualités.

Par malheur pour le vieillard, sa bru ne l'aimait pas[85]. Au commencement elle avait encore quelques égards pour lui, mais bientôt elle perdit tout respect, elle ne lui ménageait pas les outrages, et même elle allait jusqu'à lui refuser du pain. L'infortuné cachait son chagrin et n'osait en toucher mot à personne. À la fin, il entendit une fois sa bru, qui disait à son mari : « Je ne puis plus supporter de vivre sous le même toit que cet homme-là » ; et un beau jour, son propre fils l'invita à chercher quelque autre demeure, disant qu'il subviendrait à son entretien.

En entendant ces mots, le pauvre homme changea de couleur et tout son corps trembla. « Quoi, mon fils, lui dit-il, c'est toi qui me tiens ce langage ? Tout ce que tu possèdes, de qui l'as-tu reçu ? Malgré tout, ne me chasse

---

[84] C'est le mot fameux : *pauvre, mais honnête*, qui se retrouve en Albanie.

[85] Au texte : « Le vieillard en ce temps-là demeurait dans la même maison, mais il en fut autrement plus tard, parce que sa bru ne l'aimait pas. » En réalité, il ne quitta pas la maison.

pas ; non, non, laisse-moi un abri jusqu'à ce que je meure ; souviens-toi, mon fils bien-aimé, de ce que j'ai souffert pour t'élever. »

Ces paroles du vieillard émurent profondément son fils, mais sa bru ne voulait plus le voir. Alors il dit au premier : « Où veux-tu que j'aille ? Que puis-je attendre des étrangers, alors que mon fils me chasse ? » Et, en parlant ainsi, les larmes ruisselaient de son visage.

Néanmoins il finit par prendre son bâton et se leva, en priant Dieu de pardonner à l'ingrat ; puis il lui dit : « Voilà l'hiver qui approche ; si Dieu n'a pas pitié de moi et me laisse en vie jusque-là, je n'ai rien pour me couvrir ; je t'en conjure, donne-moi quelques vieilles hardes, quelque chose que tu ne portes plus. » La bru, qui l'entendit faire cette demande, répliqua brutalement qu'elle n'avait pas d'habits de trop. Alors il pria qu'on lui donnât du moins une des couvertures du cheval, et le fils fit signe à son jeune garçon d'en apporter une.

L'enfant, qui n'avait rien perdu de cette conversation, se dirigea vers l'écurie, et, ayant pris la meilleure des couvertures, il la coupa en deux et apporta l'une des moitiés au vieillard. « Tout le monde, il paraît, désire ma mort, s'écria celui-ci, puisque ce jeune enfant lui-même m'en veut. »

Le fils gronda son garçon de n'avoir pas exécuté l'ordre qu'il lui avait donné. J'ai eu tort, papa, dit l'enfant, mais j'avais autre chose en tête : cette autre moitié, je la voulais garder pour toi, quand tu seras devenu vieux à ton tour.

Ce reproche le fit rentrer en lui-même, il comprit toute l'étendue de son crime, renvoya sa femme, et, tombant aux pieds du vieillard, il le pria de continuer à demeurer avec lui.

Ils furent heureux, et nous le serons plus qu'eux.

RAPPROCHEMENT

Grimm « Le vieux grand-père et le petit-fils », dans la traduction de M. Baudry. Mais il n'y a que l'idée essentielle, la leçon morale, tout ce qui précède appartient à l'albanais seul. Je ne sais si c'est à Grimm que le chanoine Schmidt a emprunté cette historiette, mais je l'ai retrouvée, avec l'indication qu'elle est imitée de ce dernier écrivain, et de plus en plus rétriquée d'ailleurs, dans un livret de *lectures enfantines*, imprimé à Paris en 1877. La couverture de cheval est remplacée, dans ces récits, par un auget ou une écuelle de bois pour servir au vieillard d'assiette incassable.

LE JOUEUR DE VIOLON

Il était, il n'était pas, il était deux marchands associés et qui avaient l'un pour l'autre un tel attachement, qu'ils se dirent : s'il arrivait que l'un de nous deux eût un garçon, et l'autre une fille, nous les marierons ensemble.

Au bout d'un certain temps, il naquit à l'un des marchands un fils, et à l'autre une fille. Quand ils furent en âge, on les envoya dans une certaine ville, où on les mit à l'école. Mais bientôt le garçon cessa de la fréquenter, et se mit à apprendre le violon dans le but de se faire musicien[86]. Ce que voyant la fille, elle manda à son père qu'elle ne le voulait plus pour mari, à cause qu'il avait mal tourné et n'était plus qu'un vagabond.

Le garçon, cependant, étant devenu un bon joueur de violon, s'en alla chez son père pour lui demander de l'argent, dont il avait besoin, disait-il ; le père lui en donna, et il retourna à la ville. Là, il commanda une paire de pendants d'oreille et une paire de bracelets en or, prit un café qui était près de l'école des filles, et suspendit à sa porte les bijoux qu'il avait fait faire.

Un jour, la servante de la jeune fille qui était sa promise, en passant devant le café, aperçut les bijoux, et, courant chez sa maîtresse, elle lui dit : « Il y a un homme qui a des pendants d'oreille en or, qui conviendraient à merveille à ta seigneurie ; si tu veux les acheter, j'irai savoir ce qu'il en demande. » Et, en effet, elle alla trouver le garçon, et s'informa du prix qu'il en voulait. « Tout ce que je veux, répondit-il, c'est d'aller une fois jouer du violon chez vous, et de pouvoir prendre un moment la main de

---

[86] Un de ces musiciens ambulants, le plus souvent des Tziganes, et dès lors fort méprisés, qui vont jouer dans les maisons les jours de fêtes et aux noces.

ta maîtresse ; à cette seule condition, je lui donne les boucles d'oreille. »

La servante s'en vint rapporter ces paroles à sa maîtresse, qui la renvoya aussitôt, avec ordre de le ramener. Il vint et joua du violon si parfaitement, que la jeune fille s'endormit, et que la servante tomba assoupie. Les voyant ainsi plongées dans le sommeil, il s'approche de la jeune fille, la déshabille, lui ôte sa chemise et se sauve avec.

Ses classes achevées, la demoiselle retourna chez son père pour se marier, car on l'avait promise à un autre. Mais le garçon n'eut pas plus tôt entendu dire qu'on allait la marier, qu'il revint à la maison, où les parents de tous les deux habitaient ensemble comme associés. Or, dans ce pays-là, c'était la coutume, aux noces, que chacun des invités racontât une histoire.

Après que toutes les personnes présentes eurent dit la leur, le garçon se disposait à commencer à son tour, mais son père s'y opposa d'abord ; d'un vaurien tel qu'il était devenu, il craignait d'entendre des discours inconvenants. Pourtant les invités le pressèrent tellement de laisser parler son fils, qu'il finit par se rendre. Et le jeune homme dit cette histoire.

« Il était, il n'était pas, il était un homme qui sortit un jour à la chasse, et, en chassant, il tua un chevreuil. Après l'avoir tué, il l'écorcha, prit la peau, et, quant au corps, il le déposa dans un trou et le recouvrit de feuilles, dans l'intention de revenir le chercher plus tard. Or, à peine s'était-il éloigné, qu'un autre homme vint à passer par là ; en passant donc, il aperçut le chevreuil sous les feuilles qui le recouvraient et l'emporta. »

— Maintenant, ajouta-t-il, je vous le demande : à qui appartient le chevreuil, à celui qui l'a tué, ou à celui qui l'a trouvé ?

— À celui qui l'a tué, répondit-on d'une commune voix. — Eh bien ! moi, reprit-il, qui ai enlevé sa chemise à cette fille, qui l'ai écorchée, pour ainsi dire, est-ce moi qui ai droit de l'épouser, ou bien cet autre qui doit le faire dans un moment ?

Alors on rompit la première promesse de mariage, et on donna la fille à notre garçon[87].

Tant mieux et tant mieux pour nous, tant pis et tant pis pour eux.

RAPPROCHEMENT

On se représente d'ordinaire tout autrement le pouvoir de la musique : elle charme les âmes, au lieu d'endormir le corps. Mais ce sommeil ainsi provoqué, et le rapt de la chemise qui en est la suite, doivent avoir une origine mythique à laquelle je n'ai pu remonter.

Cette manière de faire raconter à la ronde des histoires, dans le but de fournir au principal personnage l'occasion de se faire reconnaître, est un procédé familier aux contes grecs aussi bien qu'aux albanais. Il est aussi employé dans le récit cadre du *Pentamerone.*

---

[87] Littéralement : « alors on la défiança de celui-là, et celui-ci la prit ». Voyez la [troisième] note du n° 6.

MOSKO ET TOSKO

Il y avait deux frères, qui étaient voleurs de leur métier. Ils avaient une sœur, et depuis longtemps ils cherchaient, pour la marier, un gaillard de leur espèce. Il se passa ainsi des années. Un beau jour ils avisent sur leur chemin un individu, auquel ils disent : « Où vas-tu ? Veux-tu t'associer avec nous et avoir notre sœur pour femme ? Nous te la donnerons, car il y a longtemps que nous lui cherchons un mari. — Tope, dit l'autre, mais que cela ne nous empêche pas de nous mettre de compagnie. » Et ils lui donnèrent leur sœur.

Un jour, comme ils ne l'avaient pas vue depuis longtemps, Mosko et Tosko (c'était le nom des deux frères) allèrent lui faire visite. En ce moment-là, le mari était absent ; il était allé au moulin, mais il faut savoir qu'il avait pendu dans le grenier[88] de la viande fumée. Là, dans la maison, Mosko dit à sa sœur : « Ma sœur chérie, donne-moi un peu d'eau », et elle alla chercher le barillet à l'eau[89], qu'elle lui présenta. Après avoir bu, Mosko demanda à Tosko, s'il avait soif et s'il ne voulait pas boire aussi. Oui, fit-il, et son frère lui passa le barillet. Ensuite Mosko dit à Tosko : « As-tu vu la viande fumée ? — Oui. — L'as-tu vue ? — Oui. — L'as-tu vue ? — Oui. » Cela dit, ils partirent.

En rentrant, le mari demanda à sa femme s'il était venu quelqu'un. « Mes frères, répondit-elle, sont venus ;

---

[88] Le grenier, *tavan*, dans les chaumières albanaises, n'est que l'espace compris entre le haut des murs et le toit, qui est à jour.

[89] *Barillet*. J'ai ainsi rendu le nom (*boutsélia*) d'un vase en bois, en forme de section de cylindre, qui sert surtout pour porter l'eau en voyage ; on l'accroche au bât du cheval.

il y avait longtemps qu'ils ne m'avaient vue. — T'ont-ils demandé quelque chose ? — Ils m'ont demandé de l'eau à boire. — Tu leur en as donné ? — Oui. — Ils ont bu tous les deux ? — Oui, et, tout en buvant, ils se sont dit : "L'as-tu vue ? Oui." — Rien de plus ? — Ils n'ont pas dit autre chose. » Le soir était venu, et ils se couchèrent.

Or, pendant la nuit, les deux frères revinrent ; Mosko, à la porte, contrefit le chat et se mit à miauler, tandis que Tosko entrait dans la maison. Le mari, entendant la voix d'un chat, demanda à sa femme où était la viande. « Au grenier », répondit-elle. Tosko, qui les avait entendus, se hâta de monter au grenier et de dérober la viande, et tous deux décampèrent.

Cependant, le mari se lève pour voir si la viande était encore en place ; il ne la trouve plus, et il se met à la poursuite des deux compagnons. Il rattrape Tosko, à qui Mosko, fatigué de porter la viande, l'avait remise. « Tu dois être las, lui dit-il, donne-moi cette viande, que je la porte » ; et c'est ce que fit l'autre, croyant affaire à son frère.

Peu après, Tosko, ayant rejoint Mosko, lui demanda où était la viande. « Mais tu l'as, répondit Mosko ; as-tu oublié que tu me l'as demandée, et que je te l'ai remise ? — Tu ne m'as rien remis du tout », reprit Tosko. Bientôt il devina qu'il y avait là un tour du mari.

« Attends-moi ici, dit-il à son frère, que j'aille la reprendre. » Il tire de long, gagne la maison le premier, et ensuite, quand le mari arrive, il fait si bien que celui-ci le prend pour sa femme et lui remet la viande.

Ayant rejoint Moska, ils s'asseyent ensemble et se disposent à faire cuire leur butin. Mais le mari, qui s'était aperçu qu'il avait été joué, se met à leur recherche, et, les ayant trouvés en train de rôtir la viande, que fait-il ? Il y avait près de là un arbre à demi consumé, il s'en sert pour se noircir le visage, tellement qu'il avait l'air d'un vrai nègre ; après quoi il va se placer en face d'eux et commence à montrer les dents. Tosko, qui tournait la broche, ne l'eut pas plus tôt aperçu, qu'il s'imagina voir un loup-garou ; il eut peur, réveilla son frère qui dormait, et tous deux, pris d'épouvante, tournèrent les talons.

Le mari reprit ce qui lui appartenait, et s'en retourna au logis. « Tu iras, dit-il à sa femme, inviter tes frères à dîner. » Arrivée chez eux, elle leur dit : « Nous vous prions en grâce de venir dîner », et ils suivirent leur sœur. Ils commencèrent à manger de la viande fumée, mais ils avaient beau y mordre à belles dents, rien n'y faisait, elle n'était pas cuite. « Ah ça, firent-ils, tu nous donnes de la viande crue ? — C'est, leur répliqua le mari, la viande que vous aviez à la broche l'autre soir, et je vous l'ai servie telle que vous l'aviez rôtie vous-mêmes. — Quoi ! C'est toi qui nous as fait une si belle peur ? — Moi-même, mais que cela ne nous empêche pas de nous associer ensemble. » Et ainsi firent-ils.

RAPPROCHEMENT

L'être dont, cédant peut-être à une fausse analogie verbale, j'ai rendu le nom par *loup-garou*, est autrement défini par Hahn, Ire partie, p. 16, 3, de ses Études albanaises. « *Liougat* et *liouvgat*, morts *turcs*, ayant d'énormes ongles, qui rôdent enveloppés de leur linceul, dévorent ce qu'ils trouvent et étranglent les hommes ». Si ce n'est exactement le vampire slave, il lui est étroitement apparenté, il en porte même le nom, commun aux Grecs, car on l'appelle aussi Vourvolak ou Βρυχολάχιον, ce qui n'est qu'une corruption du serbe *voukodlak* (poil de loup), et non point, comme semble le croire Hahn, de l'ancien μορμολύχειον.

Une chanson de l'*Abeille chkipe*, n° 29, p. 53, finit par ce vers satirique :

Bourhi kyœ rhi ndœ çtœpl œçtœ si liougat si zi.
« Le mari qui reste au logis est comme le vampire noir »

LES DEUX VOLEURS

(Le conte des deux voleurs)

Il était une fois deux voleurs, qui avaient la même maîtresse[90], mais sans savoir qu'elle les recevait tous les deux.

Il y avait quelque temps que cela durait, lorsque cette femme rôtit une poule, et fit un gâteau, qu'elle coupa tous les deux par moitiés. Un des voleurs alla lui faire visite[91]. En sortant, elle lui donna la moitié de la poule, et la moitié du gâteau. Le second y étant allé à son tour, elle lui fit cadeau de ce qui était resté.

L'heure du dîner arrive, et les voleurs se disposent à manger.

« J'ai été quelque part aujourd'hui, dit l'un des deux, et on m'a donné une moitié de poulet et une moitié de gâteau ; les voici, nous allons les manger ensemble. »

Et l'autre à son tour : « Moi aussi, dit-il, j'ai été quelque part, et on m'a fait le même cadeau qu'à toi », et il le produisit. Voyant qu'il y avait deux moitiés de chaque chose, ils eurent l'idée de les rapprocher, et s'aperçurent que les deux moitiés appartenaient à la même poule, et de même pour les deux morceaux de gâteau.

Alors l'un demanda à l'autre : « Qui t'a donné cela ? — Telle personne. Et toi, qui te l'a donné ? — Justement la même. — Il paraît, dirent-ils alors, que nous avons une même maîtresse à nous deux ; il faut que cela finisse, et que tu l'aies, toi, ou bien que ce soit moi. — Tope, fit

---

[90] *Maîtresse.* Le mot de l'original est beaucoup moins honnête.

[91] *Visite.* J'ai fort adouci l'expression.

l'autre ; celui de nous qui fera la plus grande prouesse, la gardera. »

Par aventure, il passait, en ce moment, une caravane[92]. L'un des voleurs dit à l'autre : « Tu vas voir un peu », et s'avançant le coutelas à la main, il fit peur aux gens de la caravane, qui tournèrent les talons. « As-tu vu ma bravoure ? demanda-t-il à son compagnon. — Oui, mais tu verras aussi la mienne. »

Au tomber de la nuit, il proposa d'aller voler le pacha, et les voilà partis. Arrivés au bas de l'appartement où couchait le pacha, ils enfoncèrent des clous dans le mur et se guindèrent jusqu'à la chambre. Le pacha dormait, et il y avait à côté de lui un nègre qui, tout en lui frottant les jambes, s'était assoupi. En entrant, ils virent, accrochées près de la porte, les clés des autres chambres, qu'ils allèrent visiter l'une après l'autre. Ensuite, ayant attrapé une oie dans la cour, ils l'apportent dans la chambre, lui coupent le cou, la plument, et, après avoir allumé du feu, la mettent à la broche et commencent à la rôtir.

Celui qui voulait faire sa preuve de bravoure, prit une manne qui était là, fourra tout doucement le nègre dedans, et la jucha sur le dressoir ; puis il se mit à frictionner le pacha, tandis que l'autre tournait la broche.

Le pacha, s'étant réveillé, se mit à dire : « Nègre, raconte-moi une histoire pour m'endormir ». Et le voleur commença ainsi : Il y avait une fois deux voleurs, — et il continua en racontant tout ce qu'ils avaient fait, lui et son compagnon. Un moment il s'interrompit pour dire à l'autre : « Retire l'oie, son bec brûle ». Et le pacha de demander : « Qu'est-ce que cela veut dire, "Retire l'oie, son bec brûle ?" — C'est comme cela dans le conte. » À la fin, il adresse cette question au pacha : « Lequel des deux a le droit de garder la femme, celui qui a fait reculer la caravane, ou celui qui a volé ta seigneurie ? — Celui qui m'a volé, répondit le pacha. — Tu l'entends ? dit-il à son com-

---

[92] *Caravane,* file de bêtes de somme en voyage, chevaux, mulets ou chameaux.

pagnon. — En voilà assez, fit le pacha, j'ai sommeil. » Le pacha rendormi, l'oie rôtie, ils la dépecèrent, la mangèrent, et puis, laissant les os au chevet du pacha, ils décampent, mais sans dérober quoi que ce soit.

Au point du jour, le pacha s'éveille et appelle le nègre. Celui-ci répond et se lève pour aller vers son maître, mais, patatras ! le voilà qui roule au bas du dressoir. « Qu'est-ce que cela ? demanda le pacha. — Je n'en sais rien moi-même. » Il alluma une chandelle, et alors on vit des plumes, des os, du feu, une broche... « On nous a volés, cria le pacha » ; mais, tout bien examiné et regardé, ils reconnurent que rien ne manquait. « Est-ce toi, demanda le pacha au nègre, qui m'as conté une histoire cette nuit ? — Non. »

Le pacha, s'étant levé, se rendit au conseil, et là il raconta l'aventure de la nuit. Le cadi prit la parole et dit : « C'est à présent la saison où poussent les feuilles et où les hommes ont des visions ; ta seigneurie aussi aura eu quelque songe. »

Le pacha fit annoncer par le crieur public, qu'il promettait tant de mille piastres à celui qui s'était introduit dans sa chambre, pourvu qu'il se fît connaître. Cela vint aux oreilles du voleur qui se dit : « Je vais aller me déclarer, puisqu'après tout je ne lui ai rien pris, et ne voulais que faire ma preuve de bravoure. » Quand il eut dit qui il était, le pacha n'en voulait d'abord rien croire, et il fallut qu'il racontât tout au long l'aventure. Le pacha alors n'eut plus de doute, il lui remit la récompense promise, et ensuite il lui dit : « Je veux que tu m'apportes le cadi enfermé dans un coffre. — Tu seras obéi. »

Notre voleur prend quelques clochettes, entre furtivement dans la maison du cadi, monte au grenier et fait un trou dans le plafond de la chambre où il dormait. De là-haut il se met à agiter les clochettes de toutes ses forces. « Allah ! Allah[93] ! ! » s'écria le cadi, et il se mit en

---

[93] C'est le seul endroit de ces contes où se trouve le nom arabe de Dieu ; partout il est appelé du nom albanais, *Perændi*.

prières. L'autre alors de dire : « Je suis l'ange Gabriel, et je suis venu pour prendre ta vie, à moins toutefois que tu n'entres dans ce coffre, car alors je n'ai plus de pouvoir sur toi. » Le cadi ne se le fit pas dire deux fois, il se jeta lestement dans un coffre ; le voleur aussitôt, descendant du grenier, ferma le coffre et, le mettant sur ses épaules, il le porte au bazar pour le vendre.

« Combien veux-tu de ce coffre ? lui demandait-on. — J'en veux tant de mille piastres », répondait-il ; mais personne ne pouvait l'acheter aussi cher. À la fin, le pacha eut connaissance de la chose, il donna le prix demandé, et, ouvrant le coffre, il y trouva le cadi. « Eh bien, cadi, que fais-tu là-dedans ?

— En vérité, je n'en sais rien moi-même. — N'est-ce pas toi qui m'as dit qu'à présent était la saison où poussent les feuilles et où les hommes ont des visions ? »

Le cadi resta bouche close. Alors le pacha le fit mettre à mort et donna sa place au voleur.

RAPPROCHEMENT

Facétie orientale, où Dieu et l'ange Gabriel sont appelés de leurs noms arabes.

Le trait du cadi enfermé dans le coffre, se retrouve, mais avec une couleur plus prononcée de merveilleux, au n° 3, H., variante 2. Là, Xénios, à qui il a été imposé d'amener une lamie au roi, monte sur la cheminée et, en agitant une clochette, crie à la lamie : « Je suis Hadgi Broulis (?) et je suis venu pour te tuer, à moins que tu n'entres dans ce coffre. » Le roi fait brûler le coffre avec la lamie et donne sa fille à Xénios.

LE COQ ET LA POULE

Il était un vieillard qui avait un coq et une vieille qui avait une poule ; cette poule pondait chaque jour un œuf. Chaque jour aussi, le vieillard venait chez la vieille et lui demandait un œuf ; mais elle refusait d'en donner, et le vieillard, à la fin, lui dit : « Le temps viendra où tu me demanderas aussi à moi quelque chose. »

Et il dit à son coq : « Pourquoi ne ponds-tu pas aussi, toi ? » Le coq, alors, s'en alla dans le jardin d'un roi, et se mit à crier : Kikikou ! Le roi, l'ayant entendu, commanda à ses serviteurs de le prendre et de l'enfermer dans le trésor. Là, le coq, quand il se fut bien gorgé d'or, fit le mort, et les gens du roi, le croyant crevé, le jetèrent sur le fumier. Lui de détaler, et étant revenu chez son maître, il lui dit : « Suspends-moi par les pattes, la tête en bas ; puis secoue-moi et applique-moi des coups de bâton. » Le vieillard le suspendit, se mit à le battre, et le coq rendit par le bec quantité de sequins. Son maître ainsi se trouva riche.

La vieille, quand elle apprit que le coq *pondait* des sequins, accourut chez le vieillard lui en demander quelqu'un. « Non, lui répondit-il ; lorsque je te demandais un œuf de ta poule, tu refusais de m'en donner ; eh bien ! moi aussi, maintenant je te refuse. »

La vieille revint au logis et dit à sa poule : « Pourquoi ne me ponds-tu pas aussi des œufs d'or, toi ? » Alors la poule s'en alla demander au coq, comment il s'y prenait pour pondre des sequins. « Si tu veux en faire autant, répondit-il, tu n'as qu'à manger des serpents. »

La poule courut chercher des serpents et les avala ; après quoi elle revint et dit à la vieille de la suspendre par les pattes et de la frapper à coups de bâton. L'autre ne se fut pas plus tôt mise à battre la poule, que les serpents lui sortirent par le bec, et, s'étant jetés sur la vieille, ils la dévorèrent.

RAPPROCHEMENT

C'est un fragment, et encore abrégé, du nº 85, H., lequel se compose de quatre contes différents reliés ensemble. Le grec, dont le langage est, en outre, assez ordurier, — il est vrai qu'il s'agit d'animaux, — ouvre une série de dix morceaux, d'un genre particulier, que le traducteur a intitulés : « Contes d'animaux, » c'est-à-dire ayant des animaux, soit seuls, soit mêlés aux hommes, pour personnages.

Je n'en connais pas d'autre exemple en albanais ; en revanche, l'*Abeille* renferme une véritable *fable,* fort courte, et que je vais traduire comme unique spécimen du genre[94].

---

[94] *L'araignée et le bourdon,* fable reportée dans les suppléments, en fin d'ouvrage (N.d.E).

LA PRINCESSE DE LA CHINE

Il était un roi et une reine, lesquels avaient un fils unique. Ce jeune homme, qui était passionné pour la chasse, y alla un jour avec le fils du grand vizir. En chassant, ils tuèrent une pie, et de la blessure il tomba une goutte de sang sur la neige, car on était alors en hiver et il avait neigé en abondance. Un derviche vint à passer, et, en voyant cette goutte de sang rouge, il dit : « Ce sang est rouge comme le sang des joues de la fille du roi de Chine. »

Le prince n'eut pas plus tôt ouï ces paroles, qu'il fut pris soudain d'un violent désir de voir cette princesse, que le derviche disait être si belle, et il tomba malade d'amour. La mère, qui le voyait dépérir dans une noire mélancolie, lui demanda la cause de cette langueur où il était plongé. « Il y a quelque chose, lui répondit-il, qui m'attristé et qui m'a rendu malade ; si tu veux me promettre de m'accorder ce que je vais te demander, je guérirai ; sinon, ma mort est certaine. — Que puis-je, reprit la mère, faire pour toi ? »

Alors, il manda le fils du grand vizir et lui dit : « Que dois-je demander pour faire le voyage de la Chine ? — Trois grands sacs remplis de sequins, et trois cavaliers d'escorte ; avec cela nous pourrons partir.

— Je te prie, dit ensuite le prince à sa mère de me donner trois sacs de sequins et trois cavaliers, car je veux faire un voyage, mais, pour sûr, je reviendrai. »

Sur ce, la mère alla trouver le roi et lui dit : « Voilà notre fils unique, qui, étant malade, veut faire un voyage pour se guérir de sa mélancolie ; il reviendra dans deux ou trois ans, mais d'abord il lui faut trois sacs de sequins et trois cavaliers pour l'accompagner. » Et le père ordonna de mettre à sa disposition ce qu'il désirait.

Les deux jeunes gens partirent. Arrivés en Chine, ils renvoyèrent les cavaliers et entrèrent dans une auberge. « Combien gagnes-tu par jour ? demandèrent-ils à l'aubergiste. — Deux cents piastres. — Eh bien, reprirent-ils, en voilà trois cents, à la condition que l'auberge sera pour nous seuls. » L'aubergiste les mena à la chambre, où logeaient d'ordinaire les voyageurs d'importance.

Leur premier soin fut d'acheter des habits de femme. Un jour le fils du grand vizir entra chez un barbier pour se faire raser. C'était la première fois que le barbier le rasait, il lui donna une livre d'or[95], puis y étant retourné trois ou quatre jours après, il lui donna cinq livres. La troisième fois il le gratifia de dix livres, et lui fit en même temps cette question : « Où est l'école des filles turques ? J'ai une sœur que j'y veux mener. » Le barbier lui donna un garçon, dont il se fit suivre jusqu'à l'auberge, où le fils du roi était resté. Là, il s'habilla en femme, et dit au garçon de lui montrer l'école de loin, et ensuite de s'en retourner, attendu qu'il voulait y aller seul. Arrivés en vue de l'école, le garçon le quitta, et lui, il frappa à la porte.

Une fille étant venue ouvrir, il lui dit : « Voilà dix sequins enveloppés dans ce papier : prends-les et remets-les à ta maîtresse, en lui présentant nos compliments. » La jeune fille courut vite s'acquitter de ce message. « Il vient, dit-elle, de venir à la porte une femme qui m'a chargée de te remettre cet argent, et de te saluer de sa part. — Sais-tu qui elle est ? — Non, je ne la connais pas. »

Le lendemain, à la même heure, il retourna à l'école, et y fit la même chose que la veille. La maîtresse se demandait avec étonnement qui pouvait bien être cette femme qui lui faisait des cadeaux. Elle finit par appeler la jeune fille qui avait ouvert la porte, et lui dire : « Si, par hasard, cette femme revenait encore demain et qu'elle te remît de l'argent, invite-la à entrer ; autrement ne prends pas ce qu'elle t'offrira. »

---

[95] Ou *medjidié*, pièce d'or valant moins de 23 francs.

En l'entendant frapper à la porte le lendemain, la jeune fille courut ouvrir et lui dit : « La maîtresse m'a défendu, à moins que ta seigneurie n'entre la voir, de recevoir quoi que ce soit. — Remets-lui toujours ceci, fit-il, et dis-lui que je reviendrai une autre fois. » Mais, comme la fille refusait de rien accepter, il finit par entrer, alla s'asseoir sur le banc de la maîtresse, et déposa près d'elle dix sequins.

Les élèves s'approchèrent pour réciter leur leçon, et, quand ce fut au tour de la fille du roi, elle dit tout bas à la maîtresse : « Engage cette dame à venir souper ce soir.

— La fille du roi, dit la maîtresse, t'invite à souper ce soir. — Il faut d'abord, répondit-il, que je retourne à la maison, m'excuser et dire qu'on ne m'attende pas, puisque je dois coucher chez la fille du roi. » Alors il s'en alla à l'auberge et dit au prince : « Ne te tourmente pas et laisse-moi là ton chagrin, je ferai en sorte que tu épouses celle dont tu es épris ; déjà elle m'a invité à souper pour aujourd'hui. »

Quand il fut de retour à l'école, et le repas terminé, on les fit coucher ensemble. La princesse reconnut dans sa compagne un garçon, car, pendant qu'il dormait, leurs pieds s'étaient rencontrés. Alors elle l'interrogea : « Dis-moi ce que tu es, fille ou garçon, car il me semble bien que tu es un garçon. — Je vais, répondit-il, t'avouer toute la vérité, et te dire comment il se fait que je sois ici. Il y a un prince, qui est éperdument amoureux de toi et est venu tout exprès pour t'épouser ; c'est afin de te voir que j'ai pris des habits de femme. — N'y a-t-il pas moyen pour moi, reprit-elle, de voir ce jeune homme, avant que de l'accepter pour mari ? — As-tu encore ta mère ? — Non. — Quand vas-tu prier sur sa tombe ? — Le vendredi[96]. — Eh bien ! je retourne à l'auberge, et vendredi je l'amènerai au tombeau afin que tu puisses le voir. »

---

[96] *Vendredi,* jour équivalent pour les Turcs à notre dimanche, comme si la Chine était un pays musulman. On a vu aussi plus haut, la fille du roi à l'école des filles *turques.*

Le vendredi suivant, la princesse se rendit au tombeau, et elle y trouva le jeune homme qui s'était endormi ; au lieu de l'éveiller, et voyant qu'il était de la plus grande beauté, elle cueillit trois boutons de rose, qu'elle lui jeta dans le sein ; après quoi elle s'éloigna. En se réveillant, le jeune homme aperçut les boutons de rose. Il en demeura consterné : comment se faisait-il qu'il n'eût pas vu la demoiselle ?

Le fils du grand vizir alla faire visite à celle-ci, et lui demanda si elle l'avait vu ? « Lorsque je suis arrivée, répondit-elle, il était là qui dormait ; mais je veux le revoir, car je l'aime. — Peux-tu aller de nouveau demain au tombeau pour prier ? — Je puis y aller quand je veux, personne ne m'en empêche. — C'est bien, moi je lui recommanderai de ne pas dormir, cette fois. »

La princesse, quand elle retourna au tombeau, y trouva le fils du roi, qui l'attendait ; elle le baisa, l'embrassa, et lui dit : « Je veux bien de toi pour mon mari, mais comment faire ? Je suis promise à un autre, et les gens de noce doivent venir cette semaine pour me chercher. — Je ne sais pas non plus, dit-il, ce qu'il y a à faire ; mais consulte le fils du grand vizir, et agis selon son conseil. »

Ce dernier, étant allé la trouver, lui demanda si le prince lui avait plu, et si elle le voulait pour époux ? « Il m'a plu tout à fait, répondit-elle, et je ne demande pas mieux que de l'épouser, mais je suis fiancée ; les gens de la noce qui doivent m'emmener arrivent cette semaine ; comment me tirer de là ?

— Voilà ce qu'il faut faire : quand tu partiras pour te rendre chez ton mari, passe devant la porte du jardin où est le tombeau, et demande à descendre un moment de la voiture. Je veux, diras-tu, prier une dernière fois dans le lieu où repose ma mère, puisque je pars et ne dois plus le revoir. Moi, je serai là à t'attendre, nous changerons de vêtements, tu resteras avec le prince ; puis, tout le monde parti, vous vous en irez ensemble et vous vous marierez. »

Ce qui fut dit fut fait. La princesse, le jour où les gens de noce l'emmenaient, et quand le cortège approcha de la porte du jardin, demanda qu'on la laissât descendre de voiture : elle voulait prier sur le tombeau, et reviendrait dans un moment. On le lui permit, mais, dès qu'elle entra dans le jardin, le fils du grand vizir prit ses habits, s'en revêtit, et, étant sorti, il remonta dans la voiture, et le cortège se remit en marche. Quant aux deux autres, ils s'esquivèrent et allèrent se marier.

La noce arrivée à la ville où se rendait la mariée, le fils du grand vizir fut conduit à la maison du mari, et on commença des réjouissances dignes d'une noce royale. C'était la coutume, dans ce pays-là, que, les trois premières nuits, les sœurs du marié dormissent avec l'épousée. Il avait trois sœurs et il s'éleva entre elles une dispute, à qui aurait son tour la première. La reine, mère du marié, décida que ce serait la cadette, car les enfants les plus jeunes, sont aussi ceux qu'on aime le plus.

Cette nuit-là, elle trouva l'épousée à son gré ; aussi demanda-t-elle à sa mère de passer encore la nuit suivante avec elle. Quand ils furent couchés, car la mère l'avait permis, elle reconnut qu'elle était avec un homme, et elle lui dit : « Avoue-moi la vérité, qu'es-tu, homme ou femme ? — Je suis un homme, et, si je me trouve ici, voilà comment cela se fait. » Et il lui raconta toute l'aventure.

Alors la jeune fille, charmée de sa beauté, lui dit : « Je voudrais te prendre pour mon mari, mais je ne sais si cela te plairait ? — Certes, mais sais-tu ce qu'il faut faire, afin que nous puissions nous échapper pendant la nuit ? Dis à ta mère que tu veux faire une promenade, et que, pour cela, tu as besoin de deux chevaux menés par un palefrenier. Mais, de crainte qu'à la sortie du château (le palais du roi était dans un château fort) on ne nous arrête aux portes, fais en sorte de dérober dans la maison quelque objet appartenant à ton père, et que nous puissions montrer aux gardes ; en voyant un signe royal, ils nous laisseront passer. »

La jeune fille, étant allée trouver sa mère, lui demanda les deux chevaux avec le domestique ; elle n'eut pas besoin de le répéter, la mère les envoya aussitôt les attendre au-dehors. Ensuite elle s'empara furtivement de deux coupes à eau, mais très précieuses. Le soir, les deux jeunes gens allèrent se mettre au lit. Ils se levèrent au milieu de la nuit, sortirent du château, et, étant montés à cheval, ils dirent au palefrenier de s'en retourner, attendu qu'ils seraient absents deux ou trois jours.

Quand on alla voir comment l'épousée avait passé la nuit, avec la sœur du marié, on ne trouva personne. Ensuite arriva le palefrenier, qui raconta comment *elles* étaient montées à cheval et lui avaient donné l'ordre de revenir, en disant qu'elles seraient de retour au bout de deux ou trois jours. Les trois jours se passèrent, et on les attendait toujours ; mais ils n'avaient nul dessein de revenir, car, après avoir rejoint le fils du roi, ils s'étaient mariés.

RAPPROCHEMENT

Le seul trait qui tienne un peu du merveilleux dans cette nouvelle, est cet amour subit, que fait naître le portrait *parlé*, si l'on peut s'exprimer ainsi, d'une femme.

Le n° 29, H., est rempli d'aventures extraordinaires, ayant un point de départ analogue. Le prince, qui en est le héros, a pour ami non pas le fils d'un grand vizir, mais d'un simple pêcheur, qui passe pour son frère. Il s'amourache de la *femme d'un orfèvre*, rien qu'en entendant vanter sa beauté par des jeunes gens, dans une ville qu'il traversait, après avoir déjà commencé ses voyages. Au n° 64, variante 3, un portrait *peint* a le même effet sur un jeune prince, qui l'a trouvé dans la quarantième chambre où (comme dans Barbe-Bleue, etc.) il lui était interdit de pénétrer.

Au reste, un pareil ressort, plus ou moins modifié, n'est pas étranger, il s'en faut, à une multitude de fictions plus prétentieuses. C'est ce qu'on a appelé le *coup de foudre,* la passion foudroyante et irrésistible. Avec un peu de bonne volonté, peut-être pourrait-on en faire remonter l'origine jusqu'à ces passions fatales, dont l'Aphrodite des Grecs, Vénus, *tout entière à sa proie attachée,* frappait comme d'un châtiment ceux qui l'avaient dédaignée.

COUTUMES
RELATIVES AU MARIAGE A PŒRMET[97]

LES FIANÇAILLES

Lorsque des fiançailles doivent avoir lieu, le père du jeune homme et celui de la jeune fille, étant sortis de la ville sans être accompagnés du futur, se prennent par la main, s'embrassent et s'entre-félicitent de cette manière : « Puissent-ils (les époux) prospérer et vivre longtemps ! »

De dix jours à un mois après, l'échange de l'anneau[98] a lieu dans la maison de la fiancée. Le père du marié, mais non le marié lui-même, s'y rend avec ses proches parents ; le père de la mariée invite aussi les siens, et on fait venir un prêtre.

Le prêtre, ayant pris un gobelet rempli de farine, y met l'anneau du fiancé et celui de la fiancée ; après quoi, tout en récitant des prières, il échange les anneaux et remet celui du gendre au père de la jeune fille, et celui de la fiancée au père du futur, pour qu'ils le gardent jusqu'au jour du mariage ; ensuite on s'adresse mutuellement les félicitations ordinaires.

---

[97] Le texte est à la page 126 du *Manuel*. Quelques-unes des notes dont il est accompagné, ont dû être répétées ici.

Il faut plaindre les fiancées albanaises : rester debout dans un coin, couvertes d'un voile, sans boire ni manger (comme je l'ai vu à Avlona, une *ville* pourtant), c'est une triste manière de passer « le plus beau jour de la vie ». Encore si l'avenir les dédommageait !

[98] L'anneau nuptial, l'*alliance*.

Au bout d'un mois ou deux, le père du fiancé, accompagné de son fils et de ses parents, va (chez la fiancée) pour y recevoir le mouchoir de soie ; ils chantent et boivent des santés, lorsqu'on leur apporte les douceurs[99], et, au moment du départ, la belle-mère embrasse son gendre et lui remet le mouchoir. Plus tard, et le jour où cela convient au jeune homme, il se rend chez la fiancée, pour lui faire le cadeau habituel ; elle-même apporte le plateau avec les confitures.

Le futur la tient un moment par la main, en l'engageant à parler, mais elle ne rompt pas le silence ; ensuite il lui donne la pièce d'or, soit qu'il la lui colle sur le front, soit qu'il la lui mette dans la main.

Plus tard, et au jour qu'il leur plaît, mais après avoir donné avis à l'avance, les femmes de la famille du fiancé (sa mère, sa sœur et autres) vont faire le même cadeau, chacune d'une pièce d'or ; la mère, toutefois, donne davantage. On fait les félicitations suivantes : « Puissent-ils prospérer et vieillir, et nous-mêmes revenir quand ils auront des enfants ! » Et, dans le cas où la mère du fiancé a d'autres enfants, fils ou filles, on lui dit : « À (la noce de) tes enfants ! » Alors la mère de la fiancée amène celle-ci parée de ses plus beaux habits ; la jeune fille se tient debout, la mère du marié l'embrasse et lui fait son cadeau, et de même les autres à leur tour ; à chacune elle baise la main, sans lever les yeux.

Dans le cas où le gendre doit quitter le pays[100], la belle-mère lui envoie des dragées.

À la fin a lieu un repas, où la fiancée invite le futur ; elle envoie une femme, qui dit aux invités : « Vos seigneuries sont priées de venir souper demain soir. » Le gendre et son père, en arrivant, trouvent les parents de la jeune

---

[99] Confitures, café, eau-de-vie, etc.

[100] Pour aller travailler de son métier au-dehors, comme c'est le cas pour un grand nombre d'hommes. La femme les attend souvent pendant bien des années.

fille, qui leur souhaitent la bienvenue et leur offrent la main, et on échange des félicitations.

Les toasts.

Le repas servi, et après qu'on a commencé à manger, des toasts sont portés par le père du jeune homme et celui de la jeune fille, le parrain[101] et d'autres encore. D'abord le père du marié se lève et dit au père de la mariée : « Heureux de t'avoir trouvé en bonne santé ! Puissent-ils prospérer et vieillir, et nous, puissions-nous revenir au jour du mariage, et aussi quand ils auront des enfants ! Je bois à la santé du marié et de la mariée. *Viva* ! » Le père de la fiancée répond : « Sois le bienvenu ; qu'ils prospèrent et deviennent vieux ! Longue vie à l'auteur du premier toast (le père du marié). Commandez ! » Le père du marié dit ensuite qu'il lui présente *Kosta*[102] — Sois le bienvenu, *sior Kosta*, reprend le père de la jeune fille ; qu'ils prospèrent et que Dieu leur accorde des enfants ; je bois à la santé du parrain !

Celui-ci, après que tous ont vidé leurs verres, dit à son tour : « Vous avez pris la peine de boire à ma santé, maintenant je bois à celle de vos seigneuries. Commandez ! »

Le mariage ou la noce.

Tout d'abord, un jour de dimanche, on arrange le visage de la fiancée[103] et on la fait asseoir sur un siège, où elle se tient les yeux baissés. Ce jour-là, ses parents viennent la féliciter et lui faire des cadeaux, la mère exhibe le trousseau et le leur montre en détail.

---

[101] Ou témoin ; autant que possible, c'est le même parrain qu'au baptême.

[102] Nom pris pour exemple.

[103] On la maquille.

Le lundi, la noce commence ; on fait les préparatifs, et, après dîner, les parents viennent et chantent des chansons du pays.

Le mardi soir il en est de même, mais on chante les chansons usitées dans les noces.

Le mercredi soir, on envoie inviter la famille à souper pour le lendemain, et, pendant toute la journée du mercredi, il vient du monde, qui fait des cadeaux à la fiancée.

Le jeudi, les invités se rassemblent et ils restent jusqu'au dimanche, jour du départ de la jeune fille. Vers les quatre heures du jour, on envoie de chez le marié *les fleurs*, placées dans un panier et qui sont : une paire de souliers dorés, un joli miroir, un peigne, un canif, des ciseaux, trois flacons d'eau de lavande, un savon parfumé, et des fleurs[104]. Voilà le présent que le marié doit faire ; mais, s'il veut y ajouter d'autres objets, il en est le maître.

Ces objets sont portés par trois garçons ayant encore leurs parents (qui ne soient pas orphelins), et dans une corbeille recouverte d'un mouchoir de soie. Lorsque ces enfants arrivent, accompagnés de musiciens, chez la mariée, les femmes de la famille viennent les recevoir, les embrassent successivement et leur disent à chacun d'eux : « A tes noces ! » Ensuite on leur apporte les douceurs, et on fait venir aussi la fiancée. Celle-ci leur baise la main, après quoi, ils la baisent elle-même au visage et la félicitent. Un moment après, elle leur exhibe le trousseau, et leur fait un cadeau ; quelques femmes se mettent à danser. La danse finie, la mère de la mariée régale les musiciens envoyés par son gendre, et ils s'en vont.

Le soir, arrivent les invités. Vers huit heures de la nuit, ceux du marié seulement vont prendre l'eau, deux enfants portent pour cela chacun un pot. Arrivés à la fontaine, quelqu'un des invités tire sa croix, fait avec elle trois fois le signe de la croix sur l'eau, on emplit les pots et on s'en retourne à la maison par une autre rue. Au re-

---

[104] Fleurs artificielles.

tour, une femme pétrit de la pâte[105] et va en enduire le visage du marié et de quelqu'un des siens.

La cérémonie de l'eau accomplie, les gens de noce de la mariée se rendent chez le marié, et la coutume est, s'il y a des enfants dans le nombre, qu'ils dérobent tout ce qu'ils trouvent[106].

Le vendredi, on invite, des deux parts, le fiancé et la fiancée respectivement les gens de leur côté, pour le samedi soir, et le monde porte des cadeaux à la jeune fille ; le soir, les gens de noce du marié viennent chez l'épousée, et, cette fois encore, ils volent.

Le samedi, après le repas, ils vont, des deux parts, chercher de l'eau, mais les deux compagnies ne doivent pas se rencontrer dans la rue. Ensuite on va, de la part du gendre, quérir le barbier. Une fois qu'il est rasé, le jeune homme s'assied dans un grand plat[107] et on l'habille, la chemise doit lui être passée par quelque garçon ayant encore son père. On fait la même chose chez la fiancée.

Le dimanche, tantôt vers quatre heures du jour, tantôt avant le lever du soleil, quelques hommes vont chercher la mariée, et, dans le cas où la maison de l'époux est loin, on la met à cheval ; le cousin et la tante la soutiennent. Lorsqu'on est proche de la maison, et qu'on vient recevoir l'épousée, ses parents s'en retournent[108].

Au moment où elle entre, on lui donne du riz, qu'elle jette derrière elle ; ensuite le père et la mère du marié l'embrassent et lui disent : « Que ta prospérité et ta vie soient longues ! Entre avec un pied heureux, s'il plaît à Dieu. »

---

[105] Avec l'eau qu'on vient d'apporter.

[106] Ces objets sont rapportés le lendemain. Hanh n'a pas manqué de rappeler, à cette occasion, l'usage spartiate bien connu.

[107] Le grand plat de métal, qu'on apporte habituellement garni des mets et de tout ce qui sert au repas.

[108] Les parents de la femme ne peuvent assister au mariage.

Au bout d'une heure on les marie[109]. Pendant la cérémonie, le parrain se tient entre les deux époux, et il fait l'échange des anneaux, rendant à la mariée l'anneau qu'il lui avait pris le jour des fiançailles, pour le donner au mari, et passant à celui-ci l'anneau que portait l'épousée. Une heure après, les gens de noce de la mariée viennent la féliciter.

Le dimanche, on a à dîner la moitié de ceux qui assistaient au souper du samedi.

Le lundi, on envoie chez le marié les hardes de sa femme, et le matin, le parrain leur donne la bouchée.

Le mardi, les femmes de la famille de la mariée vont lui faire visite, et on leur distribue des pâtisseries sucrées en forme d'oiseaux, qu'elle a pétries elle-même.

Le vendredi, le père et la mère de la mariée l'invitent, pour le samedi soir, avec son mari et les personnes qu'ils voudront amener. Ensuite les parents de l'épouse, comme ceux de l'époux, sont tenus de leur donner un festin, à l'époque où cela leur convient.

---

[109] Litt. « on met la couronne. » Voyez la [première] note du conte 6.

SUPPLÉMENTS

L'araignée et le bourdon

L'araignée alla une fois demander l'hospitalité au bourdon, qui lui fit bon accueil et la régala aussi bien qu'il le pouvait. Lorsque le moment de dormir arriva, l'araignée dit au bourdon que, en sa qualité d'étrangère, elle avait peur de coucher seule et elle le pria qu'ils couchassent ensemble. L'araignée alors commença, selon sa coutume à filer, et elle enveloppa le bourdon dans une fine toile, de manière qu'il ne pouvait plus bouger. Lorsqu'il se réveilla et qu'il se retrouva ainsi enlacé, il cria à l'araignée de le délier, mais elle lui répondit : « Je sais lier, oui, mais pas délier. » *Ab. Alb.*, n8, p. 178.

Constantin, le mort voyageur[110]

Il y avait une vieille qui avait neuf fils et une fille. Cette fille, les fils la marièrent au loin et dans un pays étranger. C'était contre la volonté de leur mère, et Constantin, plus que tous les autres, insista pour que ce mariage se fît.

Au bout de quelque temps, il y eut de grandes guerres ; les fils de la vieille allèrent se battre, comme tous les autres jeunes gens, et ils périrent tous les neuf dans la même année. La pauvre mère, d'autant plus désolée qu'elle n'avait même plus là sa fille pour pleurer avec

---

[110] *Abeille chkipe*, p. 189. Voyez la préface. J'ai donné en traduction dans mes *Chansons bulgares*, p. 327, la version albanaise-italienne, versifiée, de cette légende, rapprochée des versions bulgare, serbe et grecque.

elle, allait au tombeau de ses fils, et surtout à celui de Constantin, qu'elle appelait en pleurant : « O Constantin, mon fils ! Qu'as-tu fait de la foi que tu m'as donnée ? Ramène-moi la fille que tu as mariée si loin, car mon cœur se consume, et je veux la voir, afin d'éteindre le feu qui me brûle, et de trouver au moins quelque consolation avec elle. Mais tu es mort, et c'en est fait de toi, ô, mon fils ! »

Et Constantin, comme sa mère ne cessait de se lamenter et de gémir, à cause du malheur qui l'avait frappée, se leva de la tombe, se rendit chez sa sœur et la prit pour la conduire chez leur mère.

Sur la route, comme ils cheminaient tous les deux, Constantin avec sa sœur, les corbeaux criaient : Gâ, gâ, gâ, — voilà le vivant qui passe avec le mort. Alors la sœur dit à son frère : « Constantin, mon frère, que disent ces corbeaux ? » Et il lui répondit : « Ce n'est rien, ma sœur ; car, en oiseaux qu'ils sont, ils ne font que chanter. » Ils passèrent outre, et les moineaux se mirent à chanter : Tsiou, tsiou, tsiou, — voilà le vivant qui passe avec le mort. Et de nouveau la sœur interroge Constantin, mais il lui fit la même réponse qu'auparavant. Ils continuèrent leur voyage, et, comme ils approchaient du pays, les coqs se mirent à chanter : Ki ki ki, — voilà le vivant qui passe avec le mort. Enfin, quand ils furent proches de leur maison, Constantin trompa sa sœur, en lui disant : « Va en avant, je te suivrai », — et il rentra dans son tombeau. La sœur, arrivée à la maison, frappa à la porte : toc, toc, toc. La mère demanda : « Qui est là ? — C'est moi, ta fille, ouvre-moi. » Et elle lui répondit : « Tu n'es pas ma fille. — C'est moi, reprit-elle. » À la fin la vieille lui dit : « Mets le petit doigt de ta main dans l'ouverture de la porte, que je le voie d'abord, et ensuite je t'ouvrirai. » La fille fit passer son doigt par l'ouverture de la porte, et, dès que la mère le vit, elle expira sur-le-champ à l'intérieur de la maison, et la fille au dehors de la porte.

Ce n'est pas un conte que je vous ai dit, mais j'ai voulu vous tromper.

Le pont du renard à Dibra

Il était trois frères, mariés et maçons de leur métier. Il y avait trois ans qu'ils travaillaient à un pont, mais ils ne pouvaient le mener à bout : à mesure qu'ils l'élevaient, il s'écroulait.

Un jour passe par là un vieillard qui leur dit : « Bonne réussite, ô maçons. — Bonne chance à toi aussi et sois le bienvenu. Voilà trois ans que nous sommes à ce travail, mais peine perdue, nous ne pouvons l'achever. — Que je vous donne un conseil, mes garçons : jurez-vous l'un à l'autre de n'en rien révéler à vos femmes : sacrifiez une victime dans les fondations, placez-y une femme vivante, l'une d'entre vos femmes, et alors le pont subsistera. Autrement vous aurez beau vous évertuer, ce sera en vain que vous travaillerez, jamais ce pont vous n'achèverez[111]. »

Finalement les deux aînés révélèrent tout à leurs femmes, afin qu'elles fussent sur leurs gardes ; quant au frère cadet, il garda le secret envers la sienne. L'heure du dîner étant arrivée, l'aînée des belles-sœurs[112] engagea la seconde de porter à manger à leurs maris, mais elle lui répondit qu'elle avait du linge à laver. Elles dirent alors la même chose à la cadette, qui répondit que son enfant pleurait. « Vas-y, vas-y, reprit l'aînée, et j'aurai soin de l'enfant. » Et elle, ne sachant ce qui se tramait, partit et

---

[111] Ces paroles du vieillard sont rimées :
> T'a bœni me besa besœn,
> Gravet tœ mos ou rœfeni,
> Ndœ themel kourban tœ bœni,
> Nœ groua tœ gyalhœ t'a çtini,
> Gaha(nga) gratœ touaya,
> Pra açtou you kœndron oura :
> Ndruçe as tœ mos moundohi,
> Se mbœ kot do tœ pounoni,
> Ourœ kourhœ s do t'mbaroni.

[112] La femme du frère aîné.

s'en alla vers le pont. Son mari, en la voyant venir de loin, se prit à pleurer, et, dès qu'elle fut proche, il s'éloigna. En arrivant, elle salua ses beaux-frères, et ceux-ci lui dirent : « Entre ici dans les fondations, car c'est ici que tu l'as dit[113]. » La pauvre petite femme les supplia de lui laisser dans le mur une ouverture, afin qu'elle pût allaiter son enfant, et ils laissèrent un trou, par où le lait coulait pour l'enfant, même après la mort de la jeune femme et jusqu'à ce qu'il eût grandi. Dans la suite, à la place du lait, il commença à sortir de l'eau, et il se forma une source pour toujours. De cette manière, le pont subsista[114].

Psyché (Analyse mythographique)[115]

Dans ce conte, *Anilis fabula*, on trouve :

1° La formule initiale de presque tous Les contes modernes : *Erant in quadam civitate rex et regina. Hi tres numero filias... habuere* ;

2° La beauté hors ligne de l'héroïne ;

3° Les deux sœurs envieuses, qui cherchent à perdre leur cadette, et par lesquelles elle ne manque pas de se laisser tromper ;

4° La belle-mère jalouse, représentée ici par Vénus ;

5° L'exposition de l'héroïne (comme celle d'Andromède, d'Angélique, etc.) à un monstre, *vipereum malum* ;

6° Le mari mystérieux, analogue aux princes enchantés qui, ailleurs, quittent la nuit la forme de serpent (ou de quelque autre animal), pour dormir avec leur femme. C'est bien, d'ailleurs, cette figure de serpent ou de dragon (*immanem colubrum, multinodis voluminibus serpen-*

---

[113] Kœtou e pasœ-ke thænœ ; phrase obscure.

[114] Cf. Passow, n°ˢ 511-12, *Le pont d'Arta*, et Dozon, *Ch. pop. serbes*, p. 199, *La fondation de Scutari*.

[115] Voir la préface.

tem), que les sœurs de Psyché attribuent à son époux inconnu ;

7° La punition de la curiosité, à laquelle a cédé l'héroïne en dépit de la défense qui lui était faite ;

8° Le palais enchanté, où on est servi par des esprits invisibles ;

9° Les épreuves, ou *travaux*, ordinairement au nombre de trois (ici il y en a quatre), imposées au principal personnage, dans le but secret de le faire périr. Si, à l'origine, Vénus cherche à les justifier par ces mots : « *Jam ergo et ipsa frugem luam periclitabor* », il est bien évident que son intention est de causer la mort de Psyché, qu'après l'accomplissement des trois premiers travaux, elle accuse de magie pour y avoir réussi.

Ces épreuves, qui remontent peut-être aux travaux d'Hercule ou de Bellérophon, consistent dans l'obligation : de séparer des grains de diverses espèces réunis en un tas ; d'enlever, au milieu de circonstances périlleuses, une partie de leur laine à des brebis à toison d'or ; d'aller puiser de l'eau à une fontaine située sur des rocs inaccessibles défendue par des dragons (*dracones*), et dont les eaux parlent et menacent quiconque s'approche.

Ce qu'il y a à remarquer, c'est que ces besognes ne sont pas accomplies, comme d'ordinaire, par des animaux *reconnaissants* d'un service reçu, mais spontanément par des fourmis, par l'aigle de Jupiter et, dans le second cas, par Psyché elle-même, sur les conseils d'un *roseau parlant*.

C'est encore une *tour parlante*, qui lui donne des instructions pour venir à bout de la quatrième épreuve, c'est-à-dire, aller aux Enfers, demander à Proserpine un peu de sa beauté (*de formositate*) dans une boîte.

Plusieurs incidents de cette aventure appartiennent bien aux contes : l'ânier, boiteux comme son âne, et le mort nageant dans le Styx, qui implorent de Psyché une faveur qu'il serait fatal de leur accorder ; le banquet de Proserpine auquel il serait aussi funeste de prendre part ; enfin, la botte que Psyché, vaincue par la curiosité, ouvre et qui exhale une vapeur, par l'effet de laquelle elle tombe en léthargie. L'intervention, pour la tirer de cette léthargie, de Cupidon, de l'époux lui-même qui l'a abandonnée, paraît spéciale à la fable latine.

Il en est de même des essais de suicide de Psyché et de la vengeance qu'elle tire elle-même de ses sœurs.

Le récit se termine, comme tout bon roman, par un mariage et par un festin de noces, mais d'une couleur toute particulière puisque la chose se passe dans l'Olympe et entre dieux.

Table des matières

KarYair Voyage Édition

Déjà Parus

Récits d'entre terre
Légende d'Aouli & Fantômes du djebel
(W Schueller, 2016)
Disponible sur Amazon.fr

Nomades du Tien Shan
15 jours itinérants dans le nord du Kirghizstan
(W Schueller, 2017)
Disponible sur Amazon.fr

Vie d'Ali Pacha, visir de Janina
Surnommé Aslan ou le Lion
(A. De Beauchamp, 1822)
Disponible sur Amazon.fr

À Paraître

Citadelle de grès et de basalte
Quinze jours à pieds
chez les Toubous de l'Ennedi